Yanko Tsvetkov

Atlas der Vorurteile

Erweiterte Ausgabe

Buch

Yanko Tsvetkovs ganz besondere Landkarten, die zuerst im Internet und dann als Buch in zahlreichen Ländern zu einem unglaublichen Erfolg wurden, bieten eine noch nie gesehene Vielfalt an teils schrägen, teils fiesen Vorurteilen, die wohl alle ein Körnchen Wahrheit enthalten.
Die beiden erfolgreichen Knesebeck-Titel zum ersten Mal vereint in einer Ausgabe und ergänzt mit neuen, in Deutschland unveröffentlichten Karten.

Autor

Yanko Tsvetkov wurde 1976 in Bulgarien während der Zeit des Eisernen Vorhangs geboren. Er ist Europäer und Weltbürger. Der »Atlas der Vorurteile« ist sein Beitrag, Menschen zu einem besseren Zusammenleben zu verhelfen.

Yanko Tsvetkov

Atlas der Vorurteile

Die Welt in Stereotypen – Alle Karten in einem Band

Erweiterte Ausgabe

Deutsch von Martin Brinkmann und Christophe Fricker

GOLDMANN

Das »Mapping Stereotypes«-Projekt entstand aus einer satirischen Europa-Karte, die Yanko Tsvetkov 2009 entwarf. Sie wurde zur Internetsensation, und so begann der Autor, seine spontane Idee zu erweitern, wobei er den Schwerpunkt auf nationale Vorurteile und Klischees legte. Das Projekt fand weltweit ein großes Medienecho: in der *Süddeutschen Zeitung*; im Radio der *BBC* und in den britischen Zeitungen *The Daily Telegraph* und *The Guardian*; in Italien im Fernsehsender *Rai Uno*, in der Zeitung *Corriere della Sera* und in der Zeitschrift *Focus*; in der *Times of India*; in Norwegen in *Aftenposten*; in der polnischen Ausgabe von *Newsweek*; in Russland in der *Izvestiya*; in den USA im *Daily Beast* und in *Wired*; in den Regionalausgaben von *GQ* in Brasilien und Südafrika; in der kolumbianischen Zeitschrift *Semana*; in Portugal in der Zeitschrift *Sábado* – und in vielen anderen Medien. Der *Stern* ehrte das Projekt als die »Satire des Jahres« 2011. Nach Veröffentlichung der deutschen Buchausgabe würdigte *ZEIT online* den *Atlas der Vorurteile* im Februar 2013 als einen »so ironischen wie wirkungsvollen Beitrag zum kulturellen Verständnis«. Und *Spiegel online* fügte hinzu: »Nicht erst seit den Asterix-Comics ist das Spiel mit nationalen Vorurteilen in der Kultur ein gern benutzter Unterhaltungskniff.« Das Buch wurde in Deutschland zum Bestseller. Anschließend schaffte es die französische Ausgabe in die Top 5 bei Amazon. Der Literaturkritiker Augustin Trapenard (*Le Grand Journal*, Canal+) nannte es »widerspenstig, provokant und packend«. Den *Atlas der Vorurteile* gibt es inzwischen auf Englisch, Chinesisch, Französisch, Deutsch, Italienisch, Russisch, Türkisch und Spanisch, und es gibt schon weit über 100 Landkarten!

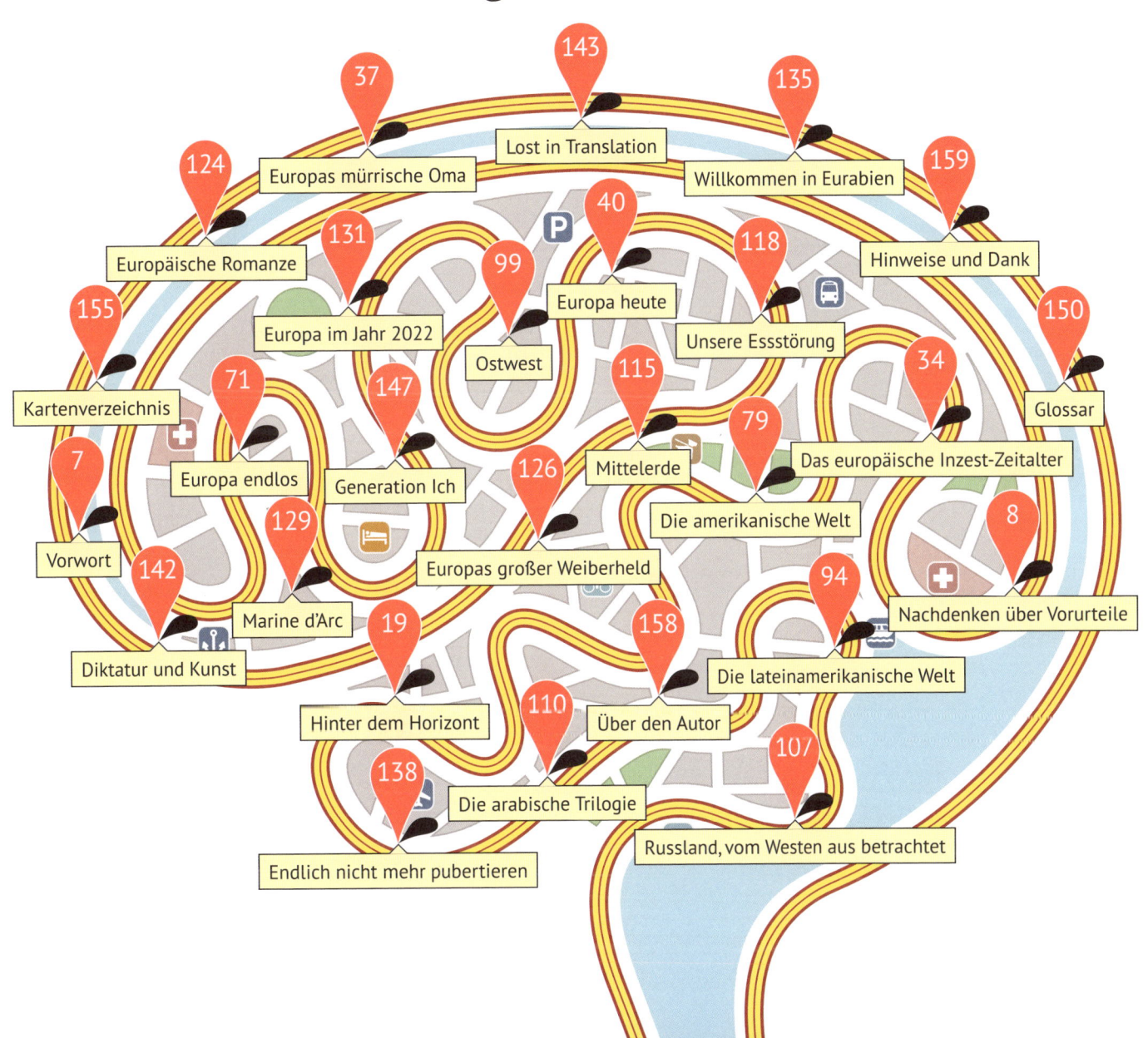

»Und ich verurteile sie dazu, zu Hause hocken zu bleiben.«
Diogenes

(Nachdem die Einwohner von Sinope
ihn dazu verurteilt hatten, ins Exil zu gehen.)

Vorwort

Vorurteile zu veröffentlichen ist nichts für schwache Nerven. Keiner wird gern in eine Schublade gesteckt. Es gibt nur eins, was die Leute noch weniger mögen, nämlich dafür kritisiert zu werden, dass sie andere in eine Schublade stecken. Einige denken, wir brauchen einfach mehr Liebe, aber ich fürchte, dass es einen noch größeren Bedarf an Bescheidenheit gibt.

Mit der Bescheidenheit ist es nicht so einfach. Die Menschen in der westlichen Welt sehen sie als Gift für ihr aufgeblasenes Selbstwertgefühl. Wer östlich des Suezkanals lebt, hält sie für genauso schädlich, nur eben für den kollektiven Stolz. Das Zeitalter der Entdeckungen* endete im 18. Jahrhundert, und die weißen Flecken auf unseren Landkarten sind längst verschwunden. Aber was die Erkundung anderer Kulturen angeht, leben wir immer noch im Mittelalter. Wir haben ein enormes Wissen übereinander angesammelt, aber wir kriegen es nicht wirklich hin, es auch zu verinnerlichen. Wir sind Nachbarn, aber wir bleiben einander fremd und sind nicht in der Lage, aus unserer Selbstbezüglichkeit auszubrechen. Einige von uns klammern sich an ihre Götter. Andere identifizieren sich mit den Marken, die sie tragen. Wieder andere definieren sich über ihre sexuelle Orientierung. Jeder von uns ist ein selbst ernanntes Vorbild für die gesamte menschliche Rasse. Denn wir alle halten uns gern für den Nabel der Welt.

Unsere Selbstbezüglichkeit verfolgt uns wie ein Schatten, auch wenn wir noch so krampfhaft versuchen, ihr zu entkommen. Wir sehnen uns danach, endlich außerirdisches Leben zu entdecken, aber wir suchen es nur auf Planeten, die unseren Vorstellungen von angenehmen Bedingungen entsprechen. Wenn uns jemand darauf aufmerksam macht, dass das ein ziemlich eingeschränkter Blickwinkel ist, sagen wir noch schnell, dass wir nach dem »Leben, wie wir es kennen« suchen, als ob uns eine solche Erklärung plötzlich von allen Vorurteilen reinwaschen würde.

Aber es gibt auch gute Nachrichten. Die moderne Technik lässt die Entfernungen zwischen uns allmählich zusammenschnurren und hat so eine geistige Revolution ausgelöst, die in der Menschheitsgeschichte ihresgleichen sucht. Während unser endlicher Planet wie ein altes T-Shirt um uns herum schrumpft, erkennen wir langsam, dass die Unterschiede zwischen uns nicht auf einen göttlichen Ratschluss oder die Naturgesetze zurückgehen. Sie sind Produkte unserer Psyche.

Friedrich Nietzsche beschrieb unsere Zeit als das Zeitalter der Vergleiche. Joseph Campbell interpretierte sie als ein Zeitalter ohne Horizonte. Es gibt kein Geheimnis mehr jenseits jener Linie, an der die Erde auf den Himmel trifft, kein verzaubertes Land mehr, das wir erobern, keine Drachen mehr, die wir töten, und keine Sündenböcke mehr, die wir opfern könnten. All diese Fabelwesen entpuppten sich als Menschen. Wir haben die ganze Zeit in den Spiegel geschaut, geblendet von Stolz und Vorurteilen. Wir müssen endlich anfangen, unser eigenes Spiegelbild darin zu erkennen!

---

* Unterstrichene Wörter werden in einem Glossar am Ende dieses Buches erläutert. Das Glossar wurde einzig und allein in der Absicht entworfen, Ihren Lesefluss zu hemmen und Sie intellektuell einzuschüchtern. Das ständige Hin- und Herngeblätter kann Muskeltonus und Fingerbeweglichkeit verbessern. In extrem seltenen Fällen kann es zu leichten Verletzungen und/oder Sehnenentzündungen kommen. Der Autor rät zur Vorsicht.

Nachdenken über Vorurteile

Bevor der italienische Renaissance-Dichter Girolamo Fracastoro den Begriff »Syphilis« prägte, hatten die Menschen verschiedene Namen für die weitverbreitete Krankheit. Die Italiener, die Deutschen und die Polen nannten sie die »Französische Krankheit«, während die Franzosen von der »Italienischen Krankheit« sprachen. Die Holländer beharrten auf der »Spanischen Krankheit«. Auf der anderen Seite des Kontinents waren die Russen davon überzeugt, dass es die »Polnische Krankheit« sei. Die osmanischen Türken im Süden waren nicht so kleinlich und sprachen einfach von der »Christen-Krankheit«.

Ich wette, dass das Treponema-pallidum-Bakterium, das die Syphilis verursacht, die Ethnien der Organismen, die es befällt, nicht unterscheiden kann. Eine weitaus schlüssigere Erklärung für diese eigenartigen Namen liefern die politische Rivalitäten der damaligen Zeit. Frankreich war der Hauptfeind des Heiligen Römischen Reiches, dieses gigantischen Konglomerats, das unzählige kleine Fürstentümer in Deutschland und Italien vereinigte. Im Norden rebellierten die Niederländer gegen die spanische Herrschaft, während im Osten Europas Polen der Hauptrivale Russlands war. Das Osmanische Reich schließlich betrachtete den Rest des Kontinents als Anhäufung von Staaten, die von Ungläubigen regiert und von zweifelhafter Moral geprägt waren. Politische Propaganda ist definitiv keine moderne Erfindung. Ethnische Rivalitäten waren schon immer ein fruchtbarer Boden für alle Arten von kindischer Vorurteilsbildung. Die Vorstellung des Fremden als Inkarnation des Bösen stand stets im Mittelpunkt, um den herum sich eine gemeinsame Stammesidentität bildete und festigte. Nach und nach schrieben sich diese Einstellungen in die Traditionen und religiösen Riten der Stammesgesellschaften ein. Die ersten Proto-Kriege hatten ein einziges Ziel – die Gefangennahme und Tötung des feindlichen Schamanen, jener Person also, die von ihren abergläubischen Brüdern und Schwestern dazu auserkoren war, die Kommunikation mit den rätselhaften Kräften des Universums zu führen. Diejenigen, die die Prostitution als das älteste Gewerbe ansehen, vergessen, dass der Schamanismus mindestens ein paar Jahrhunderte älter ist. Der Schamane war nicht einfach der nächstbeste freiberufliche Scharlatan, der seine unwissenden Verwandten ausznutzte. Diese Sichtweise ist eine Verunglimpfung der Herkulesaufgabe, die diese Einzelnen zu schultern hatten. Schamanen sollten die gesamte wahrnehmbare Welt deuten. Von ihnen wurden Erklärungen dafür erwartet, warum die Sonne jeden Tag am Horizont erscheint, warum Wasser vom Himmel fällt, warum Ärsche jucken, wenn man sie nicht gründlich abwischt, warum Bienen auf Blumen schlemmen und alle anderen Arten von »Warum«-Fragen, eine schwieriger als die andere. Kein Wunder, dass die herkömmliche Darstellung des Schamanen einen qualmenden Mann zeigt. Nach mehreren Fragen dieser Art würde jeder ein Chillout brauchen. Die Schamanen bahnten den Weg für die ersten Politiker, die schließlich die Kunst perfektionierten, die Schuld an allen Arten von Unglücken den Nachbarvölkern und ihren bösen Göttern in die Schuhe zu schieben und einen potenziellen Krieg mit der Behauptung kultureller Überlegenheit zu rechtfertigen. So konnten sie offensichtlich eigennützige Feldzüge als altruistische Missionen tarnen, die dazu dienten, wilde Barbaren zu zivilisieren. Und das lange vor George W. Bush.

Die alten Griechen hielten ihre eigene Zivilisation für den Gipfelpunkt menschlicher Entwicklung. Alle anderen durften höchstens zuschauen. Das elitäre Denken der Griechen war offenbar nicht zu schmälern durch den Kontakt mit anderen hoch entwickelten Gesellschaften, wie etwa den Phöniziern,

DIE WELT AUS DER SICHT DES ERSTEN MENSCHEN

von denen sie ihr Alphabet hatten, oder den Ägyptern, von denen sie lernten, wie man Tempel baut, die über Jahrhunderte Erdbeben standhalten. Wenn kulturelle Arroganz sogar möglich ist, wenn gute Gegenargumente auf der Hand liegen, stelle man sich bloß die Situation im Fernen Osten vor: Das alte China verdickte sich mit geometrischer Präzision um sein geografisches Zentrum herum, ohne auf nennenswerte Wettbewerber aus dem Ausland zu stoßen. Es gab kein Mittelmeer, das das Land in zwei unterschiedliche Teile spaltete. Es gab auch keine unzähligen kleinen Inseln, auf denen randständige Denker einen Rückzugsraum finden und frustrierten Teenagern Ungehorsam predigen konnten. Der Kaiser stand fest im Zentrum der materiellen und intellektuellen Welt. Sein Blick erfasste alles, seine Macht war absolut und sein Status nicht geringer als der eines Gottes. Wenn die göttliche Majestät nieste, bekam ganz China eine Erkältung, da gab es gar nichts zu deuten. Diese perfekte politische Geometrie brauchte keine komplizierten Geschichten, um die Herkunft der Barbaren zu erklären, die außerhalb der Grenzen hausten. Während die alten Griechen alles mythologisch aufluden, griffen die alten Chinesen auf einen prosaischen Stil zurück. Für sie gab es einfach nördliche, östliche, südliche und westliche Barbaren. Eine ähnliche Verschmelzung des spirituellen mit dem geografischen Zentrum kann man auf den meisten erhalten gebliebenen mittelalterlichen Europa-Karten beobachten. Angesichts der historischen Komplexität Europas sind sie von einer bezaubernden Anschaulichkeit. Sie sind weit mehr als nur Navigationshilfen, sie sind wahre Kunstwerke. Die aus dem 13. Jahrhundert stammende Hereford-Karte oder die Ebstorfer Weltkarte vereint Mythologie, Religion, Geografie und Geschichte zu einer protoenzyklopädischen Collage, in deren Mitte sich Jerusalem befindet und an deren Spitze der himmlische Thron Jesu steht. Dazwischen stößt man auf eine vortreffliche Auswahl an Klischees, Vorurteilen und frivolen Halluzinationen, wie sie nur der menschliche Geist zu ersinnen imstande ist, alles sorgfältig illustriert und kommentiert. Die christliche Weltsicht mit ihren heiligen Orten ist verflochten mit altgriechischen Konzepten, nach denen die äußeren Erdteile von Mutanten bevölkert werden, deren physische Besonderheiten direktes Ergebnis der rauen Wetterbedingungen sind, unter denen sie leben.

Hier lohnt es sich zu erwähnen, dass nicht nur die Menschen des Mittelalters, sondern auch die alten Griechen keine großen Freunde von Faktenchecks waren. Das fernöstliche Asien ist die Heimat des Großfuß-Volkes, das, ziemlich logisch, seinen einen vergrößerten Fuß als Schirm gegen die grelle Sonne nutzt und auf diese Weise die Wahrscheinlichkeit enorm reduziert, Melanome auszubilden. Afrika wird bevölkert von Zyklopen und Vieraugen-Menschen, wahrscheinlich das Resultat eines altertümlichen Labors, das auf Augentransplantationen spezialisiert war. Die Söhne Kains wandern durch das frostige sibirische Ödland, in das Alexander der Große sie verbannte, und träumen von zukünftigen Massakern. Einer der interessantesten Orte ist allerdings Nordskandinavien, das Land der Hundsköpfe. Ob diese sonderbare menschliche Rasse mit Hundeköpfen tatsächlich existierte, wusste niemand. Trotzdem stellte sie ein theologisches Problem dar. Die Gelehrten des Mittelalters waren sich nicht einig, ob diese Kreaturen nun eine Seele hatten oder nicht, ob sie also im Falle eines Übertritts zum Christentum erlöst werden konnten oder nicht. Die urkomische Grandezza dieser Freak-Parade ist ebenso entzückend wie schmerzlich deprimierend. Das Schwelgen in ausgedachten Geschichten als Form des Eskapismus ist eine Sache. Sich Leute vorzustellen, die tatsächlich daran glauben, ist ein unendlicher Albtraum. In unserer hochtechnologischen Welt bedeuten vorschnelle Urteile eine große Gefahr. Aber können wir uns völlig von Vorurteilen befreien? Man könnte versucht sein, sie als Unvermeidlichkeit zu akzeptieren, als ein dem menschlichen Wesen inhärenter Mangel. Allerdings ist die Liste dessen, was man einst als

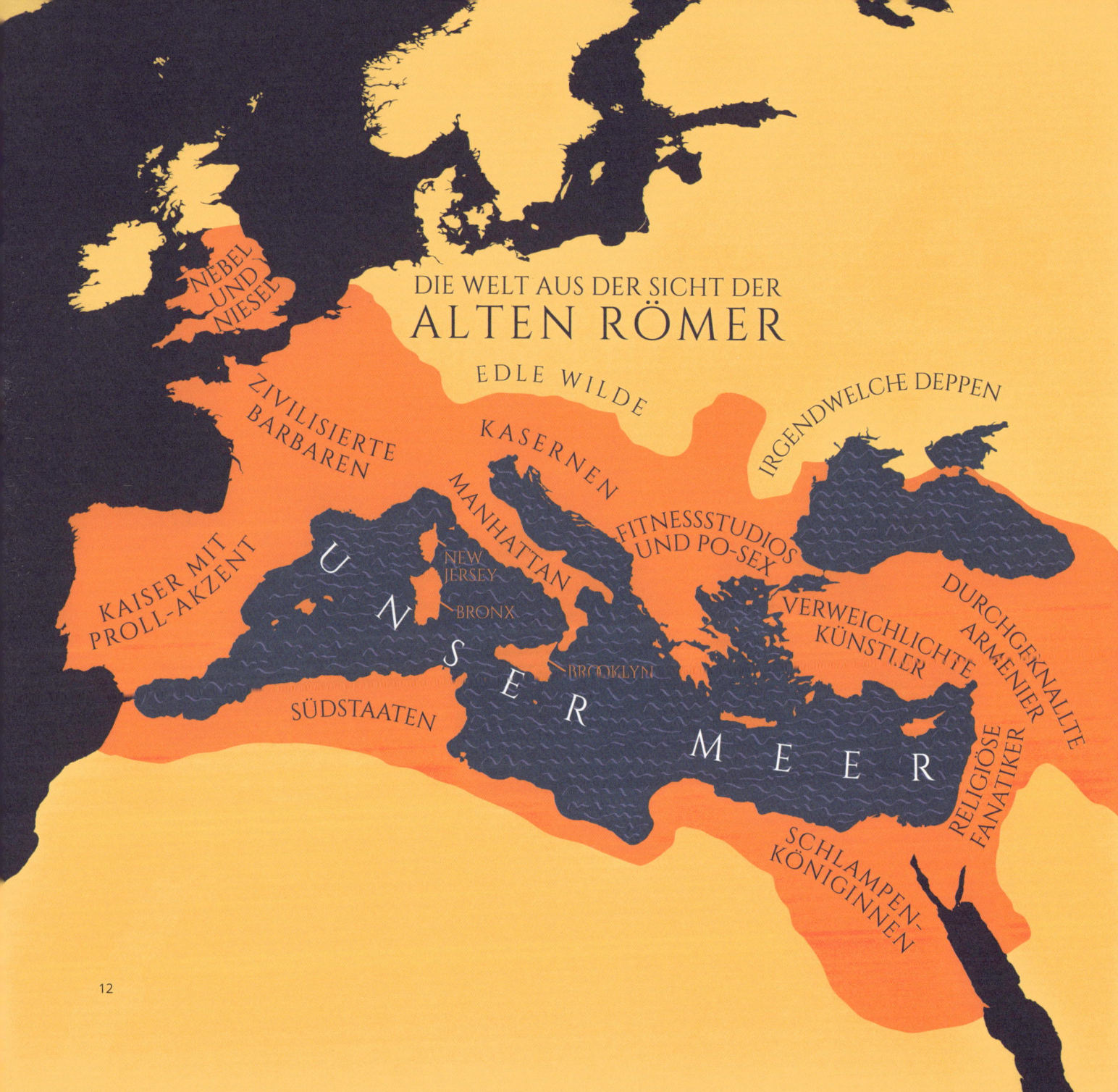

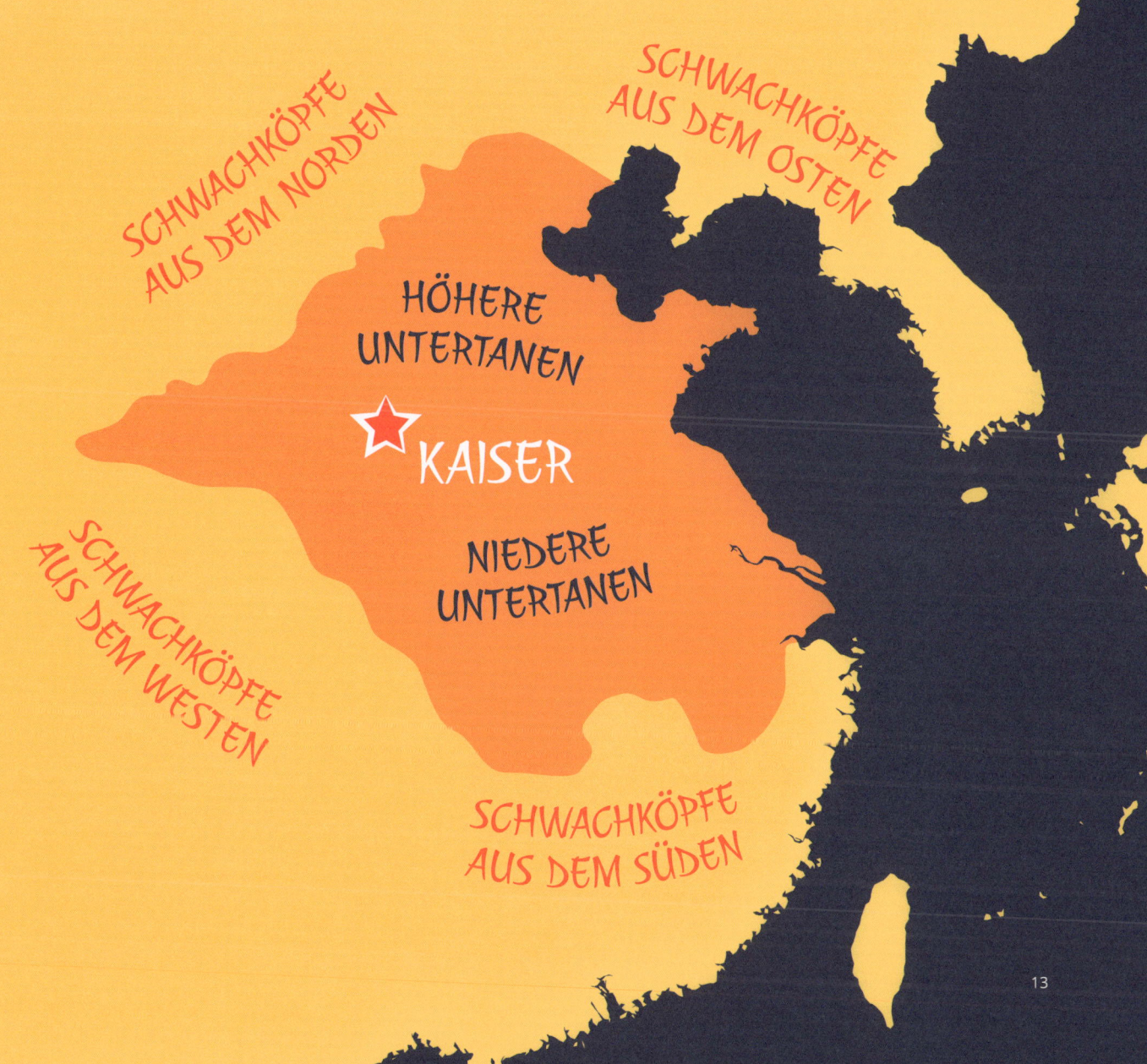

unvermeidlich angesehen, später aber als Unfug erkannt hat, länger als unsere DNA. Was auch immer heute als allgemeingültig und grundlegend gilt, kann morgen schon als oberflächlich bloßgestellt werden. Die Gründerväter der griechischen Demokratie beispielsweise erachteten die Sklaverei als derart unabdingbar für die Gesellschaft, dass sie sich eine Gesellschaft ohne sie gar nicht vorstellen konnten. Heute noch versuchen wir das stets zu verdrängen, wenn wir das antike Griechenland als die Geburtsstätte der westlichen Zivilisation feiern.

Die Geschichte ist ein seltsames Ding. Sie hat die erstaunliche Eigenschaft, uns unser eigenes Bild zu zeigen, wenn wir uns über ihre tiefen, geheimnisvollen Wasser beugen. Viele von uns ertrinken darin wie der mythologische Narziss, dessen Vernarrtheit in seine eigene Schönheit größer war, als sein Wille zu überleben. Wer die Geschichte ignoriert, wird zum Wiederholungstäter. Aber auch wer die Geschichte kennt, kann dasselbe Schicksal erleiden, wenn er sie ausschließlich in seinem Sinne interpretiert.

Vergessen wir die Unvermeidlichkeit und nutzen wir unser bestes Mittel, um vorurteilsfrei durch die Welt zu gehen: Strengen wir unsere grauen Zellen einfach etwas häufiger an. Wenn wir uns nicht mit den vorgefertigten Ideen abfinden, die ständig von den Werbeagenturen in unaufhörlichen PR-Kampagnen wiedergekäut werden, und Verantwortung für unsere eigenen Entscheidungen übernehmen, werden wir nicht nur weniger vorschnell urteilen, sondern letztlich auch besser leben. In einer global vernetzten Gesellschaft, in der Informationen schneller als Gedanken strömen, können sich Vorurteile als intellektuelle Faulheit entpuppen.

ÖL

DAS REICH DES PAPSTES

CHRISTUS-HASSER

ÖL

OBER-TEUFEL

ABTREIBUNGS-REPUBLIK

REPTILIEN

HIPPIES

EVOLUTIONISTEN

ÖL

ATHEISTEN

KNUDDELS

ÖKOS

ÖL

Hinter dem Horizont

1492 war weltgeschichtlich betrachtet ein Blockbuster-Jahr. Der Anfang hätte einer venezolanischen Seifenoper alle Ehre gemacht. Der Vorspann musste ausfallen, weil sich die Ereignisse schon überschlugen. Am zweiten Tag des Monats Januar wurde der letzte muslimische Staat auf der Iberischen Halbinsel, das Emirat von Granada, von den Armeen der katholischen Könige erobert, einem fanatischen inzestuösen Paar, bestehend aus Isabella I., Königin von Kastilien, und Ferdinand II., König von Aragon. Ihre Personalunion wurde später die Grundlage dessen, was wir heute als Spanien bezeichnen.

Wer das Glück hatte, der Kapitulation beizuwohnen, musste das für die Erfüllung seiner feuchtesten kastilischen Träume halten: Das Kreuz Christi hängt an den Wänden des bezaubernden Palastes der Alhambra. Der maurische Emir Mohammad XII. kommt langsam näher, in der Hand hält er die Schlüssel seiner Stadt. Er ist bereit, sie seinen Eroberern Isabella und Ferdinand zu präsentieren und ihre Hände als Zeichen der Kapitulation zu küssen. Da kommt es zu einer dramatischen Wendung im Zeremoniell. Um die Würde ihres Sohnes vor der Komplettentmannung zu retten, bittet Mohammads Mutter die katholischen Könige um eine Änderung im Protokoll. So kann die Stadt ohne den erwähnten demütigenden Kuss in die Hände der neuen Machthaber übergeben werden. Isabella und Ferdinand stimmen zu. Das Publikum ist tief bewegt von der barmherzigen Geste und singt spontan den katholischen Evergreen »Te Deum« und bricht in Tränen der Freude und Dankbarkeit aus. Man munkelt, dass nur die Barmherzigkeit des allmächtigen christlichen Gottes, der die Himmel geöffnet hatte, um einen Blick auf die bedeutsame Feier zu werfen, die Menschen vor schwerer Dehydrierung bewahrte, indem er ihre Tränendrüsen auf wundersame Weise mit destilliertem Weihwasser auffüllte.

Einige wussten zu berichten, dass Mohammad XII. auf seinem Weg ins Exil einen nahe gelegenen Hügel erreichte und zurückblickend sein geliebtes Schloss ein letztes Mal ansah. Überwältigt von Trauer und dem verzehrenden Gefühl von Verlust, begann er zu weinen. Da tröstete ihn seine Mutter, geradezu die Inkarnation einer perfekten Muslim-Domina, mit den Worten: »Du weinst wie eine Frau um das, was du nicht wie ein Mann verteidigen konntest.«

In der begeisterten Christenmenge, die den Sturz des islamischen Emirats feierte, befand sich ein Genueser Seemann namens Christoph Kolumbus. Er hatte mehr als einen Grund, zufrieden zu sein. Die katholischen Könige hatten versprochen, dass sie sein Projekt, den Seeweg nach Indien zu erforschen, finanzieren würden. Auf dieser westlichen Route würde man unbehelligt bleiben von Ungläubigen wie Mohammad XII. und seinem viel mächtigeren Glaubensbruder, dem osmanischen Sultan in Konstantinopel. Die meisten Menschen glaubten, Kolumbus sei entweder auf Drogen oder schlicht verrückt. Aber Isabella und Ferdinand hatten wenig zu verlieren, weswegen sie eine Selbstmordmission von drei Schiffen subventionierten. Wenn eine solche Strecke wirklich existierte, würde Kastilien eine Chance erhalten, sowohl das unglaublich reiche Osmanische Reich im Osten als auch das zunehmend ambitionierte portugiesische Königreich im Westen, das hartnäckig auf der Suche nach einem östlichen Seeweg nach Indien war, zu übertrumpfen.

In unserem Zeitalter der Vernunft sind wir oft versucht, uns Kolumbus als einen abenteuerlustigen Entdecker vorzustellen, der von einer unersättlichen Neugier und Leidenschaft für das Unbekannte angetrieben wurde. Die Wahrheit sieht ein bisschen anders aus. Europa war am Ende des 15. Jahrhunderts ein schmuddeliger Ort. Ein erheblicher Teil wurde von Muslimen regiert. Die spanische Reconquista vermochte

DIE ENTDECKUNG AMERIKAS AUS DER SICHT VON CHRISTOPH KOLUMBUS 1492

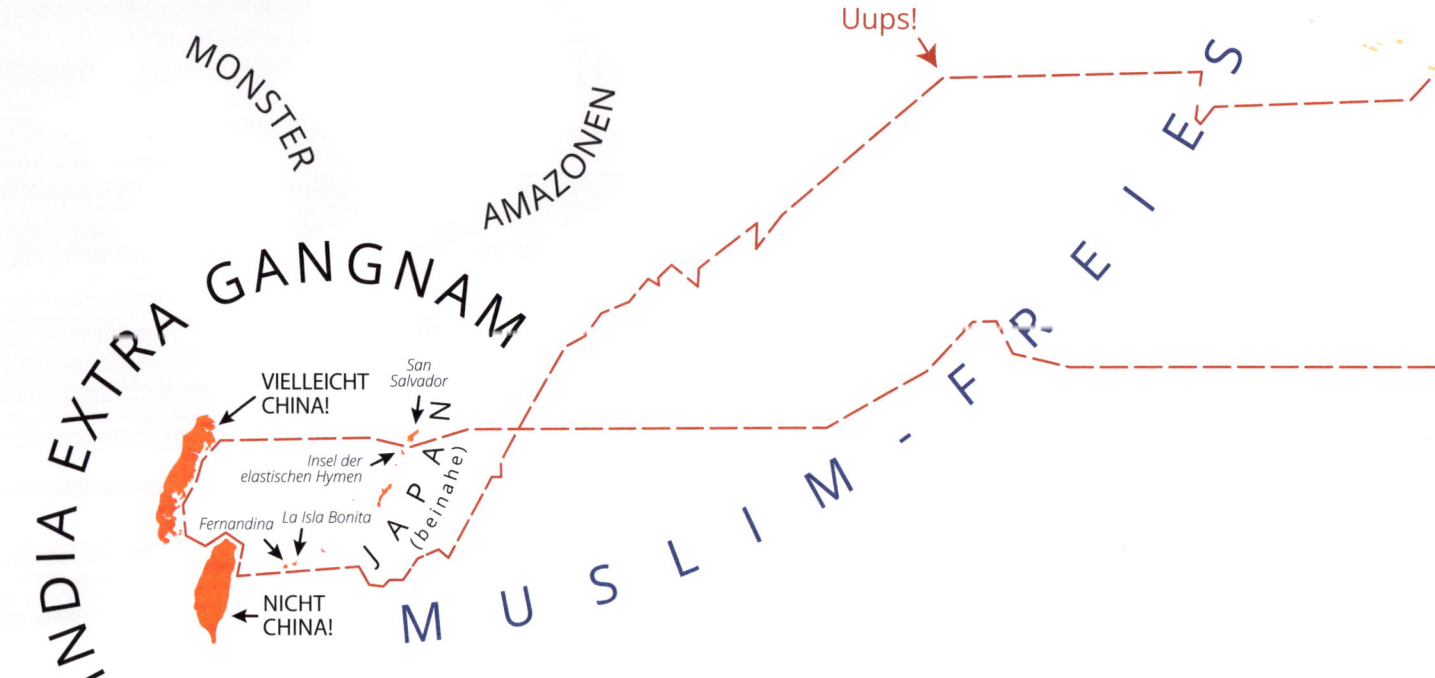

die Mauren nach Afrika zu vertreiben und das Christentum nach 700 Jahren des Kampfes zurück auf die Iberische Halbinsel zu befördern. Aber im Osten riss sich eine andere große muslimische Macht eilig Gebiete der christlichen Donau-Reiche unter den Nagel. Die Ambitionen dieser Macht waren viel größer als die der kleinen maurischen Staaten im abgewirtschafteten al-Andalus, von dem nur noch das dekadente und wehrlose Emirat Granada übrig war. Die Osmanen wollten alles haben, und zwar sofort. Nach der Eroberung von Konstantinopel erhoben sie Anspruch auf die gesamte Region, die ehemals vom Römischen Reich beherrscht worden war, also auf nicht weniger als die Hälfte des Kontinents.

Die europäische Geschichte ist unglaublich arm an Symbolen. Normalerweise könnte man erwarten, dass im Lauf der Jahre neue Ideen aufkommen und ältere vergessen werden. Stattdessen wurden viele von ihnen immer wieder recycelt, wie die Handlung eines profitablen Actionfilms. Eine der immer wiederkehrenden Träume verschiedener europäischer Herrscher war die Wiederherstellung des Römischen Reiches. Die Stadt Rom wurde so lange als das politische Zentrum der europäischen Welt angesehen, dass es irgendwann als ein Synonym für politische Macht schlechthin galt. Das änderte sich auch nicht, als Kaiser Konstantin die römische Hauptstadt plötzlich nach Konstantinopel verlegte. Getreu ihrer Gewohnheit bezeichneten die Menschen die neue Hauptstadt sofort als das Zweite Rom. Nach Jahrhunderten der militärischen Auseinandersetzung, des moralischen Verfalls und des politischen Bankrotts fiel das Erste Rom, oder was an Ruinen davon übrig war, im Jahr 476 schließlich den Barbaren in den Schoß. Obgleich nicht mehr im Besitz seiner alten Hauptstadt, dehnte sich das Römische Reich im Osten weiter aus, als wäre nichts gewesen. Die Römer in Konstantinopel konnten nicht ahnen, dass im 16. Jahrhundert ein deutscher Historiker namens Hieronymus Wolf einen neuen Namen für ihren Staat prägen würde – »Byzantinisches Reich«. Aus historischer Sicht ist das so sinnlos wie die Bezeichnung »Babylonien« für den modernen Irak. Aber westlichen Historikern gefiel es, wahrscheinlich weil man es mit ein bisschen bösem Willen leicht so verstehen konnte, als hätte das von Konstantinopel aus regierte Reich nichts mit Rom zu tun. Aber letztlich und faktisch war das Byzantinische Reich eine direkte Fortsetzung des antiken »Vorgängers«. Obwohl das Griechische relativ schnell das Latein als Hauptsprache ersetzt hatte, nannten sich die Menschen selbst und ihren Staat weiterhin römisch. Die Namensänderung im Westen diente der historischen Legitimation eines frankensteinschen Monsters namens Heiliges Römisches Reich, das ausschließlich von Sündern bewohnt und dessen Hauptstadt nie Rom gewesen war.

Das Papsttum startete das Heilige-Römische-Reich-Projekt als Versuch, seine geistige und politische Unabhängigkeit zu erhalten. Das wollten die byzantinischen Kaiser und die ihnen untergeordneten Patriarchen im Osten natürlich nicht hinnehmen. Um dieses Problem ein für alle Mal zu lösen, entwickelte Papst Leo III. eine brillante Idee. Er verführte den mächtigsten Führer im Westen, Karl den Großen, und krönte ihn am Weihnachtstag zum römischen Kaiser, genau 800 Jahre nach der (angeblichen) Geburt von Jesus Christus. Beide Männer haben aufeinander gewartet, wie die Wüste den Regen ersehnt. Karl der Große, launisch wie eine Hollywooddiva, war begierig darauf, seine Eroberungen in Italien und Sachsen zu konsolidieren. Leo III. brauchte einen Verbündeten mit schlagkräftiger Armee, um das Papsttum gegen die byzantinische Bedrohung abzusichern und sein Streben nach universeller geistiger Herrschaft ausleben zu können. Es ist nicht so ganz klar, wer der wahre Nutznießer dieser Ehe war. Karl der Große machte sich wahrscheinlich mehr Gedanken über das Abschlachten aufsässiger Sachsen, die zufällig Nicht-Christen waren, als über die Heiligkeit seines Titels. Leo III. muss Politik als ein notwendiges Übel angesehen haben, das bis zur Auferste-

EUROPA AUS DER SICHT VON BAYEZID II 1500

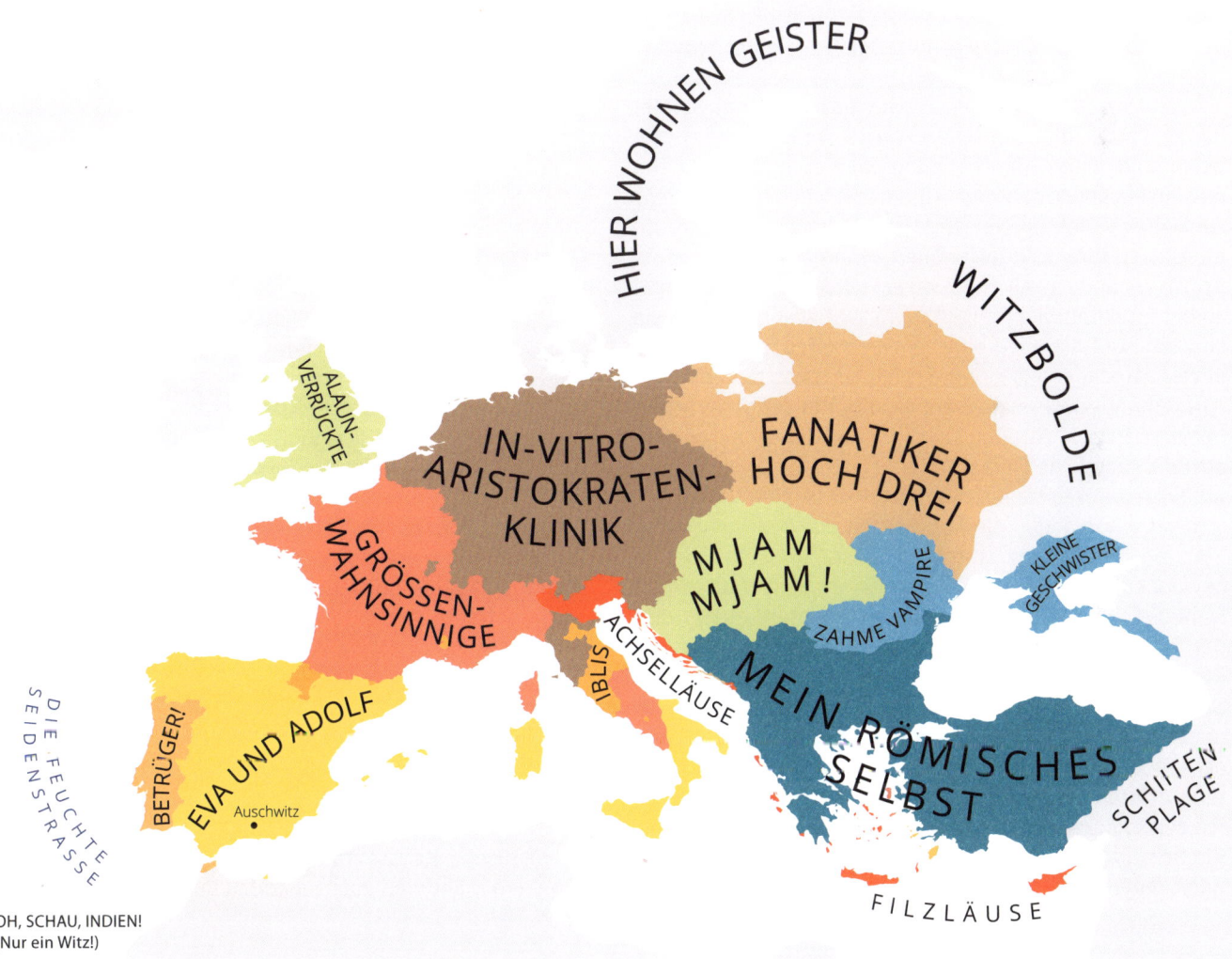

hung seines geliebten Arbeitgebers hingenommen werden konnte. 1200 Jahre später gibt es das Papsttum immer noch. Hartnäckig hält es an der Vergangenheit fest und predigt über die Gefahren von Kondomen und Gentechnik. Das Reich von Karl dem Großen hingegen zerfiel rasch nach seinem Tod, und alles, was von ihm geblieben ist, ist sein Grab im berühmten Aachener Dom, der – ironischerweise – der katholischen Kirche gehört. Der Geist muss wirklich mächtiger sein als das Schwert.

Sobald sie den süßen Nektar der Weltherrschaft gekostet haben, halten die römischen Päpste daran fest, dass sie jeden politischen Führer erst legitimieren müssen. Ihr Tun mag im Rückblick naiv und wahnhaft erscheinen, aber diese Leute waren fest in der Wirklichkeit verankert. Dass sie diese nach ihrem Willen formen konnten, war ihnen eine Selbstverständlichkeit. Nur für den Fall, dass jemand Zweifel an der Ernsthaftigkeit ihrer Ansprüche hatte, begannen sie, eine schicke Tiara mit dreifachem Kronreif zu tragen, die wie ein Haartrockner aus einem Schönheitssalon am Ende des 20. Jahrhunderts aussah. Extravagante Kleidung war schon immer zu Einschüchterungszwecken zum Einsatz gekommen, aber die päpstliche Tiara war ein wahres Meisterwerk seiner Art, unbequem zu tragen zwar, aber was ist eine Nackenverletzung schon gegen die Aussicht auf die Weltherrschaft?

Als die Osmanen im Jahre 1453 Konstantinopel eroberten, gewannen sie nicht einfach eine Stadt. Sie erwarben ein Symbol. Es wurde sofort die Hauptstadt ihres Reiches, und der 21-jährige Sultan Mehmed II. nannte sich »Kayser-i Rûm«, was türkisch ist und »Römischer Kaiser« bedeutet. Seiner Logik gemäß erhielt Mehmed damit das Recht, auch über das Erste Rom zu herrschen. Den Osmanen ist es nie gelungen, Italien zu erobern. Obwohl: Im Jahre 1480 besetzten sie Otranto, eine Stadt in Apulien, die zu dem Zeitpunkt Teil des Königreichs Neapel war, des südlichen Nachbarn des Kirchenstaates. Sixtus IV. hatte das Pech, als Papst in schwierigen Zeiten regieren zu müssen. Er bekam es richtig mit der Angst zu tun und hatte sogar schon Pläne für die Evakuierung Roms entwickelt, nur für den Fall, dass die osmanischen Horden aus Otranto vorhatten, sich in Richtung Norden zu bewegen. Mit der einen Hand zeichnete er die Schilder für den Notausgang, mit der anderen telefonierte er den globalen christlichen Kreuzzug gegen die Ungläubigen zusammen. Den Jackpot knackte er schließlich, als Mehmed II. starb und eine dynastische Schlacht die weitere osmanische Expansion verhinderte. Vielleicht hat dieser kleine ironische Wink des Schicksals das römische Pantheon davor bewahrt, zur Moschee zu werden, und dafür gesorgt, dass die frisch gemalten nackten Körper von Adam und Gott in der Sixtinischen Kapelle nicht durch schichtenweise hypnotisierende Arabesken überdeckt worden sind. Ganz anders als das Papsttum hatten die Muslime an der homoerotischen Pornografie noch keinen Geschmack gefunden.

Die osmanischen Sultane haben ihre römischen Ansprüche nie wirklich aufgegeben. Ein Beweis dafür ist die Tatsache, dass der offizielle Name ihrer Hauptstadt Konstantinopel die ganze Geschichte ihres Reiches hindurch gleich geblieben ist. Er wurde erst in Istanbul umgeändert, als die Dynastie abgemeldet war und die Türkei zur Republik wurde. Ein weiteres, viel interessanteres Zeugnis stellt eine Gravur mit dem Porträt von Süleyman dem Prächtigen dar, dem Urenkel von Mehmed II., gemalt von Agostino Veneziano. Darauf trägt der Sultan eine Tiara mit vierfachem Kronreif, handgefertigt speziell für ihn in Venedig, der Mode-Hauptstadt der Renaissance. An ihrer Spitze war sie mit einer riesigen Feder geschmückt, eine Provokation, die zweifellos jeden Italiener erfreute. Man weiß nicht, ob der Papst ein signiertes Exemplar des Porträts erhielt, aber Süleyman verpasste nie eine Gelegenheit, die Tiara seinen Botschaftern zu zeigen. Als diplomatische Regel galt: Wer seine Feinde nicht besiegen kann, der möge sie wenigstens necken! Das osmanische Konstantinopel wurde seinerseits zur fixen Idee einer anderen aufstrebenden Supermacht im Norden:

Neuigkeiten 2
Gemälde
Enge Freunde 12
Harem 1 204

SEITEN
Slawische Mädchen
Say No To Booze!
I "Heart" Vienna!
Muslim Pride '29
Ottoman Idol

INTERESSEN
Poesie
Tulpen
Kopfbedeckungen

 Süleyman I., der Prächtige, Römischer Kaiser
War neulich auf dem Markt in Venedig bummeln und hab diesen Hut gesehen. Da konnt ich nicht widerstehen! Wie geil ist der denn! Ist er doch, oder, Papst Clemens VII.?

Gefällt mir · Kommentieren · Teilen

♥ 10 Leuten gefällt das.   Top-Kommentare ▾

3 mal geteilt

 Papst Clemens VII. Mein Lieber, gibt es die Helmpflicht in Konstantinopel noch?
Gefällt mir · Antworten · vor 37 Minuten

 Süleyman I., der Prächtige, Römischer Kaiser Nur beim Vespa-Fahren, Schätzchen! <3
Gefällt mir · vor 20 Minuten

 Franz I. von Frankreich Sieht TOLL aus! Küsse! Muah muah miuah!!! <3
Gefällt mir · Antworten · vor 20 Minuten

 Karl V. (HRR) Schon traurig, wie viele Menschen heute ihr Aussehen so wichtig nehmen. :((((
Gefällt mir · Antworten · vor 32 Minuten

GESPONSERT

Bester iberischer Schinken
porkofspain.com
Vorzügliches Schwein, geschlachtet von frisch bekehrten Christen

McBratwurst
wurstunddrang.de
Genieße phallisches Essen! Sag diesmal an Weihnachten Nein zu Dönern!

Russland, dessen Hauptstadt bald als das »Dritte Rom« bezeichnet wurde, nachdem die Osmanen das »Zweite Rom« erobert hatten. Nicht länger ein physischer Ort, sondern eine abstrakte Angelegenheit, wurde »Rom« zu einem europäischen Zankapfel, so wie Abraham zum Gründer von drei monotheistischen Religionen wurde, die einander verachten. Es mag unlogisch klingen, aber gemeinsame Symbole bringen die Menschen einander nicht immer näher. Sehr oft haben sie den gegenteiligen Effekt, und anstelle von Liebe und Verständnis rufen sie Hass und Neid hervor.

Es war solch ein Neid, der das christliche Europa im 15. Jahrhundert dazu brachte, sich von den viel weiter fortgeschrittenen muslimischen Mächten des Ostens zu emanzipieren. Die Osmanen und die Araber kontrollierten den Handel mit Indien übers Rote Meer und über die berühmte Seidenstraße, die ein weiteres wichtiges Symbol in der europäischen Geschichte ist. Ständig im Krieg mit der muslimischen Welt, hatte das christliche Europa kaum eine Chance, all die begehrten exotischen Waren, nach denen es gierte, zu erschwinglichen Preisen zu erstehen. Die Lösung ließ sich leichter formulieren als umsetzen. Die Europäer mussten einen Weg finden, direkt mit Indien Handel zu treiben, wie es ihre römischen Vorgänger jahrhundertelang taten.

Es ist definitiv nicht wahr, dass die Menschen damals geglaubt hätten, die Erde sei flach, und dass Kolumbus sie vom Gegenteil hätte überzeugen müssen. In Wahrheit waren die Menschen sich der Rundheit des Planeten mindestens seit Aristoteles bewusst, der 330 v. Chr. einen Beweis dafür gefunden hatte. Einige Historiker behaupten, das Missverständnis sei im Laufe des 19. Jahrhunderts absichtlich durch die frühen Anhänger der Evolutionstheorie verbreitet worden. Sie wollten die katholische Kirche rückständiger aussehen lassen, als sie es tatsächlich war. Aber weder die Kirche noch ein Gelehrter jener Zeit bestanden darauf, dass die Erde ein riesiger, von Elefanten getragener Pfannkuchen sei. Ironischerweise sollten sich solche lächerlichen Ideen erst später in der Menschheitsgeschichte entwickeln, was zweifelsfrei beweist, dass es keine direkte Korrelation zwischen Ignoranz und Dummheit gibt. Was die Menschen im 15. Jahrhundert nicht sicher wussten, war, ob man Afrika umrunden kann. Bis dahin hatte sich niemand die Mühe gemacht, es zu überprüfen, denn es war schlicht nicht notwendig, und die meisten Denker gaben sich damit zufrieden, das Problem einfach als theoretisches Problem zu behandeln. Einige glaubten, Afrika erweitere sich so weit, dass seine Landmasse den Indischen Ozean umfassen und sich mit Asien am anderen Ende verbinden würde. Was hieße, dass Indien für alle Schiffe aus dem Atlantik unzugänglich wäre. Andere glaubten, die Erde sei streng in Klimazonen aufgeteilt, was jeden an der Überquerung des Äquators hindern würde. Gemäß dieser Theorie waren die Sonnenstrahlen in der äquatorialen Zone so mächtig, dass sie das Meerwasser zum Kochen brachten. Eine Reise durch die Region würde jedes Schiff in eine dampfende Suppe aus Menschenfleisch und knisterndem Holz verwandeln.

Es gab auch einige seefahrerische Herausforderungen. Seereisen wurden hauptsächlich entlang der Küsten gemacht, und niemand wagte es, aufs offene Meer zu fahren. Der Kompass war eine relativ neue Erfindung, und die Europäer nutzten üblicherweise die Sternbilder der Nordhalbkugel zur Orientierung. Aber die Dinge waren im Wandel, und als Kolumbus die Bühne betrat, bauten die iberischen Königreiche die modernsten Schiffe in Europa. Was sich leider nicht wandelte, war die menschliche Vorstellungskraft. Die gleichen alten Geschichten über Gold und Gewürze entfachten die gleichen alten Begehrlichkeiten. Haufenweise Mythen, von Alexander dem Großen bis hin zu Marco Polo, proklamierten Indien als Quelle allen Reichtums. Zuweilen gab es die eine oder andere Geschichte über Menschen, die sich Richtung Westen aufmachten, aber etwas ganz anderes im Sinn hatten. Brendan der Reisende verließ seine Heimat Irland, um die Insel der Seligen zu

suchen. Er war einer dieser Mönche, die sich genötigt sahen, das Christentum, so weit, wie es ihm möglich war, zu verbreiten. Bevor er zu seinem großen Abenteuer aufbrach, umschiffte Brendan Irland. Er vergewisserte sich, dass jeder, dem er begegnete, wirklich davon überzeugt war, dass eine Jungfrau schwanger und ihr Jungfernhäutchen nach der Geburt wiederhergestellt werden könnte. Erst danach sah er sich in der Lage, nach Westen aufzubrechen. Auf seiner Reise lernte er eine Menge interessanter Dinge kennen, die total glaubwürdig waren: ein geronnenes Meer etwa oder Judas, der im heutigen Island Urlaub machte, einige Teufel, gerade zu Ostern viele Schafe und natürlich jede Menge Vögel, die christliche Psalmen sangen. In der Zwischenzeit attackierte ein Ungeheuer sein Schiff, aber Gott, der sich wie üblich für die kleinsten Einzelheiten der menschlichen Verrichtungen interessierte, hob die Gesetze der Schwerkraft aus den Angeln, sodass die Wasser des Meeres weichen und Brendan aus der Gefahr entlassen konnten. Der Nervenkitzel, den die Erforschung des Unbekannten bereitet, die Aufklärung von Geheimnissen jenseits der eigenen Vorstellungskraft, stand noch nicht auf dem Programm. Es mussten noch einige Jahrhunderte ins Land ziehen, ehe das Zeitalter eben der Aufklärung, das jenem kreativen Chaos nachfolgte, das wir heute liebevoll Renaissance nennen, die europäische Zivilisation tiefgreifend umwälzte und aus einem Stamm missionierender Fanatiker liberale Weltbürger machte. Der Prozess ist keineswegs abgeschlossen, aber die Veränderungen sind spürbar.

Kolumbus setzte diese Entwicklung am 12. Oktober 1492 in Gang, als er völlig unbeabsichtigt seinen Fuß auf eine Insel setzte, die zu den heutigen Bahamas gehört. Genau wie Cervantes nie sagt, woher Don Quichotte kommt, hielt Kolumbus nicht sonderlich präzise fest, welche Insel genau die Ehre hatte, den ersten Kastilenen in der Neuen Welt zu empfangen. Überdies gibt es unterschiedliche Berichte über das, was er entdeckt zu haben glaubte. Einigen Quellen zufolge war Kolumbus überzeugt, dass er Japan erreicht hätte, das die Menschen damals »Cipango« nannten. Anderen Quellen zufolge glaubte er, in Indien gelandet zu sein. Zu dieser Zeit war das für die meisten Leute ohnehin kein so großer Unterschied. Für die Europäer war jedes Stück Land östlich des Ganges der reine Mythos. Sie nannten es »India extra Gangem«.

Die Historiker sind sich über eines allerdings einig. Kolumbus hatte keinen blassen Schimmer, dass er auf einem neuen Kontinent gelandet war, und bis zu seinem letzten Seufzer war er der Überzeugung, er habe den Weg nach Indien entdeckt. Es sollte noch einige Zeit dauern, ehe die Europäer kapierten, dass er in Wahrheit einen Kontinent entdeckt hatte.

Es gibt ein slawisches Sprichwort, das besagt: Alles Neue ist bloß gut vergessenes Altes. Und trotz all dem Lärm und Tamtam ist es wohl für niemanden mehr ein Geheimnis, dass Kolumbus nicht der erste Europäer war, der die Neue Welt erreichte. Zunächst einmal ist die Grenze zwischen Alter und Neuer Welt rein subjektiv. Sie ist ein Ergebnis der Unwissenheit und der technologischen Beschränktheiten des christlichen Europas. Aber während der glückseligen Stagnation im frühen Mittelalter gab es eine andere Art von Europa im Norden. Es gehörte den Wikingern. Diese wurden oft als blutrünstige Tiere beschrieben – von den mittelalterlichen christlichen Historikern, die, genau wie die alten Griechen, die Angewohnheit hatten, jede heidnische Zivilisation als barbarisch zu erachten. Erst sehr viel später studierte das christliche Europa die Geschichte der Wikinger ohne dogmatische Vorurteile. Aber das hinderte die Wikinger nicht daran, den gesamten europäischen Kontinent zu erforschen und im Süden bis zum afrikanischen Marokko und ins asiatische Anatolien vorzudringen. Allerdings erbrachten sie ihre erstaunlichsten geografischen Leistungen im nordwestlichen Skandinavien. Im Jahr 825 erreichten sie die Färöer Inseln, und 874 kamen sie in Island an, wo sie sich niederließen und später ihre Legenden niederschrieben, die heute als die Islandsagas bekannt sind. Diese Geschichten bilden den Grundstock einer literarischen Tradition, die bis heute lebendig ist. »Ad ganga med bok I maganum« ist ein beliebter Spruch in Island. Er bedeutet: »Jeder bringe ein Buch zur Welt.« Und es ist fast wörtlich zu nehmen. Jeder zehnte Einwohner dieser kleinen felsigen Insel hat ein Buch veröffentlicht.

Im Jahr 982, weniger als ein Jahrhundert nach ihrer Ankunft in Island, stießen die Wikinger nach Grönland vor. Im Jahr 1000 fuhren sie sogar noch weiter und landeten in Neufundland, wo sie sich in einem Ort namens Vinland gemütlich niederließen. Der erste bekannte Amerikaner mit europäischen Eltern wurde bald danach geboren. Sein Name war Snorri Þhorfinnsson. Aus der Sicht moderner geografischer Konvention ist dies natürlich nicht ganz richtig, denn Grönland gehört zu Amerika, und Vinland wurde erst 18 Jahre später besiedelt. Zeit genug also für ein grönländisches Baby, den begehrten Titel für sich zu reklamieren. Das Problem ist, dass Grönland seit jeher politisch als Teil Europas gegolten hat, was die Dinge sehr verwirrend macht. Seit der Zuordnung der tektonischen Platten am Anfang des 20. Jahrhunderts wurden die Definitionen noch schwerer fassbar. Folgt man nämlich ihren Grenzen, wird deutlich, dass Island und Ostsibirien auch als amerikanisch angesehen werden sollten. Warum sprechen wir also davon, dass Kontinente »entdeckt« wurden? Und warum sollte es uns scheren, dass ein fremdenfeindlicher christlicher Fanatiker wie Christoph Kolumbus im Jahr 1492 Amerika erreicht hat? Nun, was auch immer die Wikinger entdeckten, es ist eine unbestreitbare Tatsache, dass nur wenige, wenn überhaupt irgendjemand, von den frommen christlichen Europäern aus dem Süden eine Ahnung hatte, was in den kalten Tiefen der kargen Arktis vor sich ging. Die Wikinger waren die Einzigen, die von ihren eigenen Entdeckungen profitierten. Nachdem ihre Zivilisation zerfallen war, wurden ihre Abenteuer bald vergessen, oder sie verwandelten sich in Mythen. Nur an Plünderung und Vergewaltigung erinnerte man sich noch. Schnell und zweckmäßigerweise vergessen wurde der florierende Handel zwischen Südstaatlern und den »Wilden« aus dem Norden. Natürlich war der Handel mit Wikingern und Muslimen für die Christen etwas zutiefst Unmoralisches, aber sie konnten nur selten der Versuchung nach exotischen Waren widerstehen. Die großartige Dreiecksliebesgeschichte des frühen mittelalterlichen Handels erstreckte sich von China bis zu den Küsten Islands und den Häfen der italienischen Seerepubliken. Textilien, Gewürze, Edelsteine und Felle wurden auf persischen Wagen, Wikingerschiffen und fränkischen Maultieren transportiert.

Die Ungläubigen hatten eine Vorliebe für Streiche. Die Wikinger, die in den kalten arktischen Gewässern Narwale fischten, drehten dem abergläubischen europäischen Adel die Stoßzähne der Wale als Hörner von Einhörnern an. Die Nachfrage war groß, weil die Südstaatler überzeugt waren, dass es Einhörner wirklich gab. Nicht, dass jemand je eins gesehen hätte. Die Menschen sehnten sich danach, an erfundene Geschichten zu glauben. Der Großintellektuelle Leonardo da Vinci beschreibt die Einhornjagd als raffiniertes Ritual mit verstörenden sexuellen Untertönen: »Wegen seiner unmäßigen, bis zur Selbstaufgabe gehenden Liebe zu schönen Jungfrauen verliert das Einhorn alle eigene Stärke und Wildheit; und alle Furcht vergessend, wird es zu einer sitzenden Jungfrau gehen und sich in ihrem Schoß zum Schlafen niederlegen, und so kann der Jäger es fangen.«

Nach der Lektüre solcher Zeilen kann man es schon bedauern, dass Sigmund Freud nicht in der Renaissance geboren wurde. Aber es würde mich nicht wundern, wenn jemand in Island ein altes Buch mit diesem Titel findet: *Saga der sexuell unterdrückten Südländer, die Gold gegen Walzähne tauschten*. Der hartnäckige Glaube an Einhörner pflanzte sich noch lange, nachdem der letzte Wikinger die Bibel als die wahre Schöpfungsgeschichte akzeptiert hatte, weiter fort. Erst im Jahre 1638 bewies ein dänischer Arzt namens Ole Worm, der berühmt für seine embryologischen Studien war, dass das im Handel befindliche Einhorn in Wahrheit Narwal-Stoßzähne waren. Es dauerte einige Zeit, bis die Erkenntnis sich durchsetzte. Einhorn in Pulverform wurde noch mindestens ein weiteres Jahrhundert lang als Medizin verkauft. Aber die eigentlichen Meister im Verarschen waren die Muslime. Sie ließen keine Gelegenheit ungenutzt, ihre hypochondrischen Nachbarn im Westen dumm dastehen zu lassen. Nachdem sie ihnen jahrelang übertreuerte Aphrodisiaka wie schwarzen Pfeffer verkauft hatten, fanden sie eine echte Marktlücke: Mumien.

Mumien waren nicht schon immer eine Seltenheit. Es gab bis ins 16. Jahrhundert sogar ziemlich viele. Dann aber fingen die äußerst zivilisierten christlichen Europäer aus irgendwelchen verrückten Gründen damit an, sie zu essen. Ironischerweise geschah das um die Zeit herum, als die Tomate von Amerika nach Europa kam. Erst etwa zwei Jahrhunderte später tauchte sie als Zutat in einem europäischen Rezept auf, weil die Menschen befürchteten, sie sei giftig. Die Mumie aber war sofort ein durchschlagender Erfolg. Thomas Joseph Pettigrew war ein berühmter Chirurg, der gelangweilten britischen Aristokraten durch Autopsien an Mumien Unterhaltung verschaffte. Er mumifizierte nach dessen Tod sogar den Körper von Alexander Douglas-Hamilton, dem 10. Herzog von Hamilton. In seiner *Geschichte der ägyptischen Mumien* schrieb Pettigrew. »Kaum wurde bekannt, dass Mumien der Medizin einen wertvollen Dienst erwiesen, da begannen auch schon viele Spekulanten mit ihrem Handel; die Gräber wurden geplündert, und so viele Mumien, wie man nur kriegen konnte, wurden zu Verkaufszwecken in Stücke gebrochen.«

Der Hype brach wie eine Sturmflut über Europa los, und gemahlene Mumie war so verbreitet wie Aspirin heute, zumindest bei den Leuten, die es sich leisten konnten. Für Franz I., den König von Frankreich, war das Zeug ein Wunder der Medizin, und er trug für den Notfall immer einen Beutel um seinen Hals. Wie das Horn des Einhorns wurde auch das Mumien-Mittelchen noch lange Zeit verschrieben, als längst klar war, dass es weder ein Medikament war, noch unbedenklich verzehrt werden konnte. Und wenn Sie jetzt dachten, das war ja noch nicht grausam genug, hätte ich noch eine gruselige Wendung der Geschichte zu berichten: Nachdem die Europäer die Hauptspeicher leer gefuttert hatten und es immer schwieriger wurde, Mumien aus den alten ägyptischen Gräbern zu ernten, begannen einige Händler damit, Fälschungen herzustellen, indem sie tote menschliche Körper in Erdpech einweichten. Ironischerweise war es das Erdpech selbst, das den Glauben an die Heilkraft der ägyptischen Mumien entfacht hatte. Seine Farbe und Textur glich nämlich jener geheimnisvollen Substanz, die auf dem europäischen Kontinent selten war. Zum Beispiel verschrieb Plinius der Ältere Erdpech bei Zahnschmerzen.

Die Geschichte ist voller solcher Absurditäten. Einem modern erzogenen Geist erscheinen sie komplett lächerlich. Aber unsere Vorfahren lebten nicht in einer von Satelliten vermessenen Welt. Trotz der Bemühungen vieler, eine weltumspannende Zivilisation auf die Beine zu stellen, waren Antike und Mittelalter Zeiten des allgegenwärtigen Geheimnisses und der Ungewissheit. Kyros II., Alexander, Trajan, Dschingis Khan verschoben die Grenzen ihrer Reiche weiter und weiter, aber bis zum Zeitalter der Entdeckungen gelang es keiner einzigen Zivilisation, den gesamten Planeten zu erforschen und die großen Mengen an Wissen zu sammeln, die wir auf einem Teller serviert und mit einem silbernen Löffel gefüttert bekommen. In den präkolumbischen Tagen müssen die Menschen den Horizont der Erde mit dem gleichen Gefühl des Staunens angestarrt haben, mit dem wir in die Weiten des interstellaren Raums blicken. Mehr als ein Jahr benötigten die Top-Wissenschaftler der NASA, um festzustellen, ob Voyager 1, das erste vom Menschen gebaute Objekt, das das Sonnensystem für immer verlassen

RAUMFAHRT 2013

4¼
Lichtjahre

Entfernung zum nächstgelegenen Stern

DIE SONNE · HIC SVNT DRACONES · PROXIMA CENTAURI

17
Lichtstunden

Von Voyager 1 zurückgelegte Strecke

sollte, sich wirklich jenseits der Heliopause bewegte, jener Grenze, hinter der die Sonne keinen Einfluss mehr hat und der interstellare Raum beginnt. Heute wissen wir, dass die Probe bestanden und die schwer fassbare Grenze am 25. August 2012 überschritten wurde. Ja, und wir alle haben die Gelegenheit verpasst, die Champagnerkorken knallen zu lassen. Vielleicht wird die Menschheit in ein paar Jahrhunderten, wenn sie so lange überleben sollte, nicht mehr den »Columbus Day«, sondern den »Voyager Day« feiern.

Es kann kaum ein Zweifel daran bestehen, dass die meisten unserer Annahmen über das Universum entweder irgendwann korrigiert werden müssen oder widerlegt werden. Unsere Kinder werden sich über die widerlegten Vorstellungen wahrscheinlich köstlich amüsieren. Egal, wie schlau die modernen Physiker erscheinen möchten, wir spielen immer noch mit Begriffen wie String-Theorie, dunkle Materie, parallele Universen und Supersymmetrie. Wir bauen auch superteure Labore wie das CERN, nur um Elektronen zu zerschmettern und nach geheimnisvollen Teilchen unter den Trümmern zu suchen. Die wahre Bedeutung des großen Zeitalters der Entdeckungen, das in der ersten Reise des Kolumbus gipfelte, besteht darin, die Globalisierung in Gang gesetzt und die mythischen Grenzen unserer Welt endgültig in den Weltraum verschoben zu haben. Wer sich mit seinem Vermächtnis beschäftigt, mag über die Ziele und Methoden von Kolumbus verstimmt sein und die Grausamkeit kritisieren, deretwegen er inhaftiert wurde und als Gouverneur der Westindischen Inseln abtreten musste. Es war eine Zeit, die ebenso reich an Freuden wie an Schande war, an Eroberungen wie Niederlagen. Ein schmerzhaft großer Teil der amerikanischen Urbevölkerung wurde durch systematischen Völkermord ausgerottet oder durch europäische Krankheiten hinweggerafft. Die gleichen Schiffe, die den Handel auszuweiten halfen und die Wege für den zukünftigen kulturellen Austausch bahnten, brachten auch den Tod. Die Beute der spanischen Eroberungen wurde in unverantwortlicher Weise in fanatischen Religionskriegen in Europa verschwendet. Die deutschen Staaten in Mitteleuropa verloren dadurch mehr als 30 Prozent der eigenen Bevölkerung. Dieses grausame Faktum wird von den Historikern nur selten erwähnt, wenn sie über die schädlichen Auswirkungen der Ausplünderung der »Neuen Welt« diskutieren. Man kann darüber spekulieren, ob diese Tragödie die Herausbildung Deutschlands um ein Jahrhundert verzögert hat. Sie hat die embryonale Nation unter dem eigenen Provinzialismus verrotten lassen. Deutschlands grotesk verzögerte Monstergeburt ist das Ergebnis dieser Entwicklung, die schließlich die europäischen Machtverhältnisse komplett zerstört und den Weg für den Ersten Weltkrieg geebnet hat. Als er ausbrach, war Spanien bereits eine politische Leiche mit null Wert für irgendeine internationale Allianz und ein Schatten seines einstigen glorreichen Imperiums.

Das Karma hat einen ganz eigenen Sinn für Humor, aber auch das kann nicht die Bedeutung dieser ersten Reise in den Bauch des Atlantiks schmälern und den rücksichtslosen Ehrgeiz jenes Seglers, der das alles initiiert hat. Kolumbus lebte zu einer Zeit, in der (zum ersten Mal in der überlieferten Geschichte der Menschheit) eine Zivilisation sowohl die Ressourcen als auch die Technologie besaß, um alle Teile der Oberfläche unseres Planeten wahrhaft miteinander zu verbinden, egal wie abgelegen oder mythisch sie früheren Generationen erschienen. Und genauso wie Voyager nicht das Produkt eines einzelnen Teams von amerikanischen Wissenschaftlern ist, beruht auch die Expedition des Kolumbus auf den Bemühungen, dem gesammelten Wissen und teilweise auch auf der Ignoranz aller vorherigen Zivilisationen.

Das europäische Inzestzeitalter

Es gab im Mittelalter keine iPhones. Niemand würde heute das Gegenteil behaupten wollen. Natürlich sind wir uns der immensen Kluft bewusst, die uns in technologischer Hinsicht vom Mittelalter trennt. Es gibt allerdings ein paar politische Unterschiede, die nicht so leicht zu fassen sind. Bedeutsam ist, dass der Begriff der »Nation« streng genommen nicht existierte. Das Konzept des Nationalstaates entwickelte sich erst im 17. Jahrhundert, nach dem Dreißigjährigen Krieg. Im Europa des 16. Jahrhunderts umfassten Länder die Territorien, die einem bestimmten Adelsstand gehörten, der wiederum mit einer gewissen Krone verbunden war. Ganze Regionen wechselten ihren Besitzer so häufig wie Imelda Marcos ihre Schuhe. Königliche Eheschließungen waren politische Akte, durch die Reiche gestärkt oder geteilt wurden. Wenn sie nicht bereit waren, ihre Macht zu teilen, begannen die herrschenden Aristokraten damit, nahe Verwandte zu ehelichen. Zusammen mit Reichtum und Landgewinn brachte ihnen das jede Menge genetische Defekte ein.

Einer der mächtigsten Monarchen, den Europa je hatte, Karl V., von Gottes Gnaden erwählter Römischer Kaiser, zu allen Zeiten Mehrer des Reiches, König in Germanien, zu Kastilien, Aragon, Leon, beider Sizilien, Jerusalem, Ungarn, Dalmatien, Kroatien, Navarra, Granada, Toledo, Valencia, Galizien, Mallorca, Hispalis, Sardinien, Cordoba, Korsica, Giennis, Algerien, Gibraltar, der kanarischen und indianischen Inseln sowie des Festlandes jenseits des Ozeans etc., Erzherzog zu Österreich, Herzog zu Burgund, zu Lüttich, zu Brabant, zu Steier, zu Kärnten, zu Krain, zu Luxemburg, zu Limburg, zu Geldern, zu Kalabrien, zu Athen, zu Neopatria und Württemberg etc., Graf zu Habsburg, zu Flandern, zu Tirol, zu Görtz, zu Barcelona, zu Artois, zu Burgund, Pfalzgraf zu Hennegau, zu Holland, zu Seeland, zu Pfirt, zu Kiburg, zu Namur, zu Roussillon, zu Cerdaña und zu Zutphen, Landgraf im Elsass, Markgraf zu Burgau, zu Oristano, zu Gociani, und des Heiligen Römischen Reiches Fürst zu Schwaben, Katalonien, Asturien etc., Herr in Friesland, auf der Windischen Mark, zu Portenau, zu Biskaja, zu Molin, zu Salins, zu Tripolis und zu Mecheln etc., war das exquisite Ergebnis jahrhundertelanger Inzestpraxis.

Als Konsequenz daraus litt er unter schwerer mandibulärer Prognathie, einem genetischen Defekt, der ein abnormal ausgedehntes Kinn ausbildet. Man benannte es umgangssprachlich nach seiner Dynastie: Habsburger Kinn. Er hatte große Probleme mit dem Kauen, litt unter Sodbrennen und aß meist allein. Logischerweise bedeutete die Fülle an genetischen Defekten auch eine Fülle an Macht, Grund und Boden sowie Reichtum.

Es gibt einen berühmten Ausspruch von ihm: »Ich spreche Spanisch zu Gott, Italienisch zu den Frauen, Französisch zu den Männern und Deutsch zu meinem Pferd.« Jetzt wissen wir also, dass Pferde Anfang des 15. Jahrhunderts fließend Deutsch konnten, und gleichzeitig erfahren wir durch diese Worte etwas von dem kosmopolitischen Geist Seiner Majestät.

Als unangefochtener Herrscher Spaniens hatte Karl V. direkten Zugriff auf die immensen Ressourcen der spanischen Kolonien in Amerika. Was die Finanzpolitik anging, war er seiner Zeit um Jahrhunderte voraus. Er lieh sich kräftig Geld bei den Genueser Bankleuten, finanzierte mit den Darlehen Kriege und verjagte die Franzosen aus Norditalien. Mit nach Hause brachten diese Leonardo da Vinci, der von Franz I., dem König von Frankreich, höchstpersönlich angelockt wurde. Unter anderem deshalb hängt die *Mona Lisa* heute im Louvre. Dafür kann Karl V. aber nichts. Niemand konnte vorhersehen, dass das ganz gewöhnliche Porträt einer Frau von fragwürdiger Schönheit eines Tages das berühmteste Gemälde der Welt sein würde.

Franz war der Erzfeind von Karl V. Weil er den Verlust von Italien nicht verschmerzen konnte, ergriff er extreme Maßnahmen. Er verbündete sich mit dem Einzigen, der es mit der Macht von Karl V. aufnehmen konnte, mit dem Sultan des Osmanischen Reiches, Süleyman dem Prächtigen. Damit ging zum ersten Mal überhaupt ein christliches Königreich eine politische Allianz mit einer muslimischen Großmacht ein. Süleyman belagerte zweimal Wien und brachte so Verheerung über die katholische Welt. Auf seinem Rückzug ließ er, wohl aus Nachlässigkeit, mehrere Säcke mit Kaffeebohnen und einen Korb mit Croissants zurück. Die Österreicher fanden das unwiderstehlich, und deswegen stahlen sie das Rezept, das ihnen wiederum von den Franzosen gestohlen wurde, die es heute als Teil ihres kulturellen Erbes ansehen.

Europas mürrische Oma

Die österreichische Geschichte strahlt eine unwiderstehliche Faszination aus. Es ist kaum zu glauben, dass dieses kleine, stille Land vor gerade mal einem Jahrhundert das größte Reich auf dem Kontinent darstellte (abgesehen vom Russischen Reich). Die berühmte Herrscherdynastie der Habsburger schaffte es beinahe, Europa in eine einzige politische Einheit zu verwandeln. Und das lange bevor Napoleon und Hitler versuchten, ihre kontinentalen Reiche zu etablieren, und lange bevor die EU sich die Ideen ökonomischer und politischer Integration zu eigen machte. Die letzte Inkarnation des Imperiums, die österreichisch-ungarische Doppelmonarchie, zerfiel in dramatischer Weise im Tumult des Ersten Weltkriegs. Der Druck, den die aufkommenden nationalistischen Bewegungen in Europa ausübten, war zu groß. Gewöhnlich wird dieser Krieg mit der Russischen Revolution in Verbindung gebracht. Aber der österreichische Kollaps war nicht minder bemerkenswert. Vom unangefochtenen Zentrum europäischer Macht verwandelte sich Wien buchstäblich über Nacht in eine hübsche, aber provinzielle Museumsstadt. Und wie Sankt Petersburg erholte es sich nie wieder von dieser Katastrophe.

Die Monarchie brach zusammen, weil sie unfähig war, sich selbst zu reformieren. Neben der ethnischen Vielfalt des Reiches erwies sich auch die ideologische Kurzsichtigkeit ihrer Herrscher als problematisch. Sie waren vor allem damit beschäftigt, die Tradition zu wahren, statt die Moderne zu begrüßen. Klemens von Metternich, der berühmteste österreichische Politiker des 19. Jahrhunderts, sah in der aufkommenden Pressefreiheit das größte Übel überhaupt. Paradoxerweise war er kein paranoider Diktator, der gerne Menschen manipulierte. Er glaubte schlicht nicht daran, dass das Volk in der Lage sei, die komplizierte Aufgabe der Staatsführung zu begreifen.

Der Beginn des Ersten Weltkriegs ist so voll mit Dramen wie sonst wohl nur die Legende vom Trojanischen Krieg. Und genau wie in der Geschichte von Helena schlägt hier ein triviales politisches Problem in eine Tragödie griechischen Ausmaßes um, in der selbst die Götter zu Marionetten werden. Kurz nachdem Österreich-Ungarn im Jahr 1914 Bosnien offiziell annektiert hatte, diesen großen Kessel unterschiedlicher Kulturen, allesamt zutiefst inkompatibel mit der österreichischen, war der österreichische Thronerbe, Erzherzog Franz Ferdinand, zu Besuch in Sarajevo. Seine Ratgeber wussten wahrscheinlich, dass das serbische Militär, welches die Annexion als eine Art kriegerischen Akt ansah, sich verschworen hatte, ihn zu ermorden. Die haarsträubende Missachtung der Realität ist eine alte österreichische Tradition. Wohl deswegen beschloss der Erzherzog, die Gefahr herunterzuspielen und eine Spazierfahrt durch die Stadt zu machen, Seite an Seite mit seiner geliebten Frau Sophie. Obwohl sie eine Herzogin war, wurde sie vom österreichischen Hof wie eine Bürgerliche behandelt, wohl weil sie tschechischer Herkunft war. Daher ist das Verlangen des Paares, sich außerhalb von Wien zu verlustieren, weit weg von dem mürrischen alten Kaiser, nur allzu verständlich.

Das Attentat war kein Werk von Anfängern. Es gab mindestens vier Attentäter auf der Strecke des Autokorsos. Die ersten beiden verpassten ihren Einsatz, aber der dritte schaffte es, eine Bombe auf den Wagen des Erzherzogs zu schleudern. Wie es der Zufall wollte, prallte sie von ihrem Ziel ab und explodierte unter einem anderen Wagen. Es gab viele Verwundete. Der Erzherzog aber erreichte sicher das Rathaus, und nachdem er mit seinem Wutanfall fertig war, beschloss er, die Opfer des Attentatsversuchs im Krankenhaus von Sarajevo zu besuchen. Verständlicherweise wollten seine Mitarbeiter nicht durch die Innenstadt fahren, aber der

Fahrer verfuhr sich, und als er den Fehler bemerkte, hielt er direkt vor dem vierten Attentäter an, Gavrilo Princip. Da hatte Franz Ferdinand das Glück verlassen. Österreichs Empörung führte letztlich zu der Kriegserklärung an Serbien. Da die beiden Länder zwei verfeindeten Lagern angehörten und ihre jeweiligen Verbündeten vertraglich verpflichtet waren, sie militärisch zu unterstützen, verwandelte sich der ganze Kontinent recht rasch in ein einziges Schlachthaus.

EUROPA AUS DER SICHT VON ÖSTERREICH-UNGARN 1914

Europa heute

Obwohl ich mich stets darum bemühe, die touristischen Standardattraktionen zu meiden, klettere ich am Ende doch wieder die Stufen des nächstbesten Turms hoch, um den Ausblick auf die Stadt zu genießen, in der ich mich gerade aufhalte. Immer ist einer dabei, der mich da hochgeschleift hat, um ein Foto zu machen, und der mir gar nicht zuhört, wenn ich schimpfe, wie sehr ich es hasse, Dinge zu tun, die alle anderen auch tun.

Zwei Stunden nachdem ich zum ersten Mal in Rom angekommen war, war ich bereits ganz oben auf dem Petersdom. Der Ausblick war teilweise nicht übel, aber die Begeisterung für Stadtansichten gehört nicht zu meinen angeborenen Talenten. Ich erinnere mich, dass ich die öffentlichen Toiletten auf dem Dach der Kathedrale, gleich unter der Kuppel, spannender fand. Als Tourist in Rom einen anständigen Platz zum Pinkeln zu finden, kann ein echter Albtraum sein. Als ich einige Jahre später gebeten wurde, dasselbe auf dem Galataturm in Istanbul zu wiederholen, entschied ich mich lieber für den Fahrstuhl und nicht für die Treppe. Dieses Plätzchen war viel leichter zu erobern. Deswegen hatte ich eigentlich nichts dagegen, von dort oben ein paar Bilder zu knipsen. Und dann traf es mich. Ich schaute auf etwas, was als der Anfang von Europa gilt. Bloß einen Kilometer entfernt, in genau derselben Stadt, jenseits der blauen Wasser des winzigen Bosporus, lag Asien. Was für eine spektakuläre Selbstverständlichkeit! Kaum ein Unterschied war zu erkennen: dieselben Gebäude, bewohnt von denselben Leuten, die dieselbe Sprache sprechen und in derselben Stadt leben, aber auf zwei geteilten Kontinenten.

Nein, nicht geteilt. Berlin war geteilt. Berlin war die Stadt, in der zwei Zivilisationen aufeinanderstießen. Das war der Ort, wo man nur davon träumen konnte, nicht erschossen zu werden, wenn man ihn durchquerte. In Istanbul gibt es zwei Brücken und Hunderte von Schiffen, die einen auf die andere Seite befördern können. Hier gibt es keine Mauer. Die Meerenge ist ein Super-Highway. Im 17. Jahrhundert schaffte es ein Typ namens Hezarfen Ahmed Çelebi sogar, mit künstlichen Flügeln von einer Seite zur anderen zu gleiten. Er nutzte den Galataturm als Startrampe und landete auf dem Doğancılar-Platz auf der asiatischen Seite.

Wer diesen Platz zur Grenze zwischen Europa und Asien ernannt hat, war ein Depp. Es existiert hier kein geografischer, historischer oder kultureller Grund, eine Grenze zu ziehen – in der Mitte von etwas, das wie ein Fluss aussieht, der durch eine Stadt fließt, die früher eine der mächtigsten Metropolen Europas war, und zwar mehr als eintausend Jahre lang! Istanbul ist alles andere als ein Schlusspunkt. Eine Stadt wie Lissabon wäre eine viel bessere Wahl, als Schlusspunkt oder als großer Anfangsbuchstabe eines Satzes über Europa. Wenn man den Torre de Belém in der portugiesischen Hauptstadt hochsteigt und auf den unermesslichen Atlantik blickt, spürt man wirklich eine Einsamkeit im Herzen. Diese Stadt liegt schon so lange am Rand der bekannten Welt, wie Istanbul ihr Zentrum war. Eine Ewigkeit war das, was jenseits von ihr lag, reine Mythologie. Der Garten der Hesperiden, die geheimnisvollen Inseln wie Antilia oder Thule, das untergegangene Atlantis – sie alle existierten hinter dem monotonen Horizont des Atlantiks und nahmen allein in der Fantasie von Poeten und Träumern Gestalt an. Aber selbst Lissabon wandelte sich: Es wurde das pulsierende Herz einer globalen Zivilisation, die sich vom Amazonas bis zu den Küsten Indonesiens erstreckte. Vielleicht kann man die Grenzen Europas bis in den Norden verfolgen, wo Island durch den Mittelatlantischen Rücken gespalten wird. Hier streben die amerikanische und die eurasische Platte auseinander. Aber sogar dort scheinen die Grenzen zu verschwimmen, denn ein bisschen weiter im Westen liegt Kanada, und sein Staatsoberhaupt ist eine Königin, die in London wohnt. Also: Wo beginnt Europa und wo endet es? Wenn man einen Briten fragt, würde er wahrscheinlich sagen, dass es in Calais beginnt und irgendwo in den Sümpfen Finnlands endet. Traditionsgemäß versagen die Briten Russland häufig die Ehre, ein echtes europäisches Land zu sein. Und das, obwohl Russland ein Drittel des gesamten Kontinents einnimmt. Russen würden sich auch nicht sonderlich wohlfühlen in dieser deskriptiven Zwangsjacke. Sie werden einen unsanft daran erinnern, dass ihr Land an Nordkorea grenzt und weder europäisch noch asiatisch, sondern einfach russisch ist. Jemand aus Lateinamerika würde wahrscheinlich alle Europäer als eine Bande raffgieriger Imperialisten beschreiben, die alle einheimischen Kulturen in der Neuen Welt zerstört haben, obwohl mehr als die Hälfte der Länder auf dem alten Kontinent nicht eine einzige Kolonie besessen hat und selbst jahrhundertelang von Fremden besetzt, geteilt und beherrscht wurde.

Bei einem meiner Besuche im spanischen Cordoba sah ich auf der Straße ein Hinweisschild, das da lautete: »Bitte benimm dich wie ein Europäer und fass die Blumen nicht an!« Ich habe ähnliche Aufrufe in meiner bulgarischen Heimat gehört. Bei uns wird das Wort »Europäer« häufig mit Verweis auf Ausländer gebraucht, die zivilisierter sind als wir, eine Art unerreichbares Ideal, an dessen Existenz niemand glaubt, das aber jeder vorgibt, erreichen zu wollen. Manchmal halten sich nicht mal Europäer für europäisch. Aber eines ist sicher: Europa benötigt Grenzen so dringend, wie ein Fisch ein Fahrrad braucht.

EUROPA AUS DER SICHT VON ANGELA MERKEL 2018

EUROPA AUS DER SICHT VON DEUTSCHLAND 2018

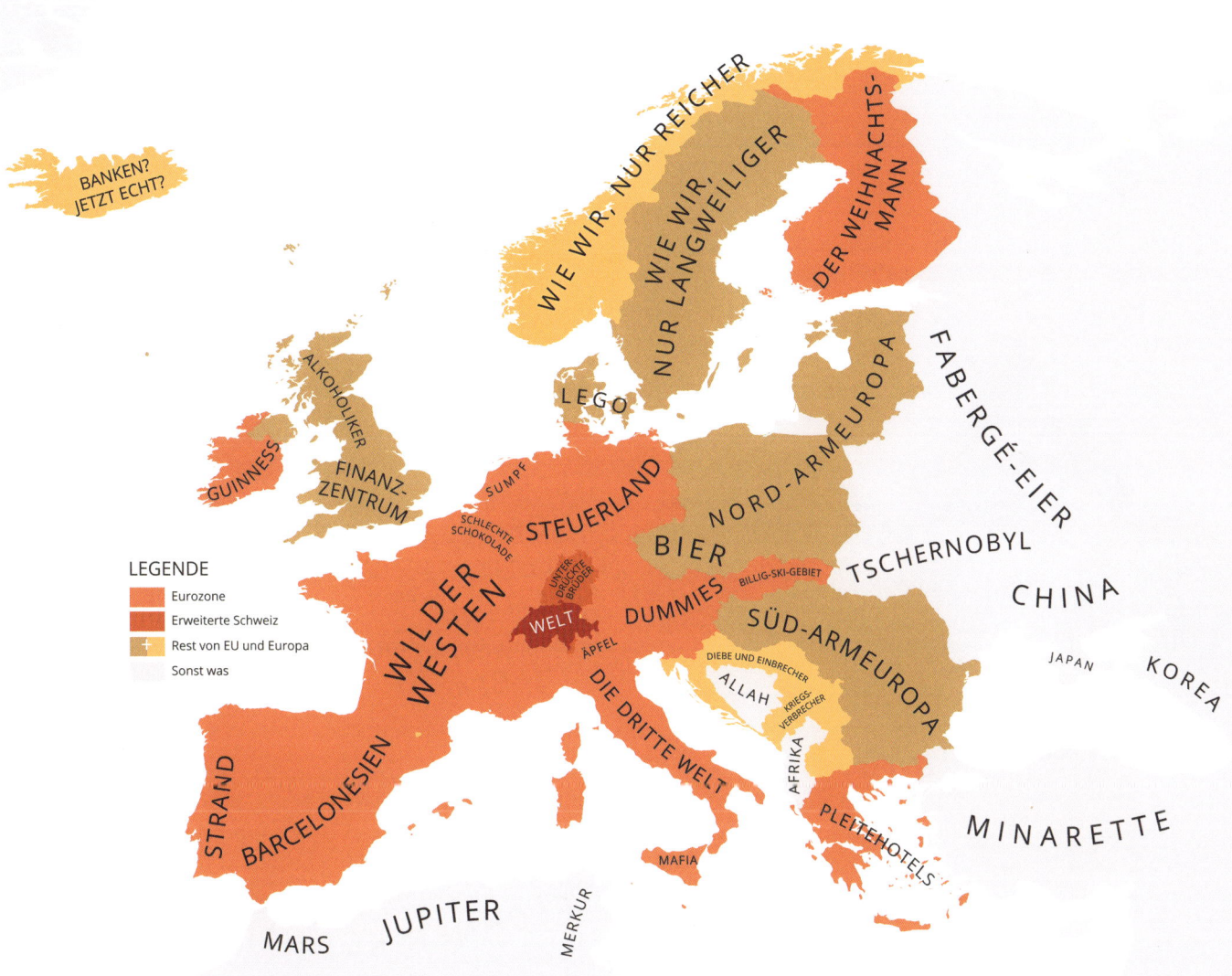

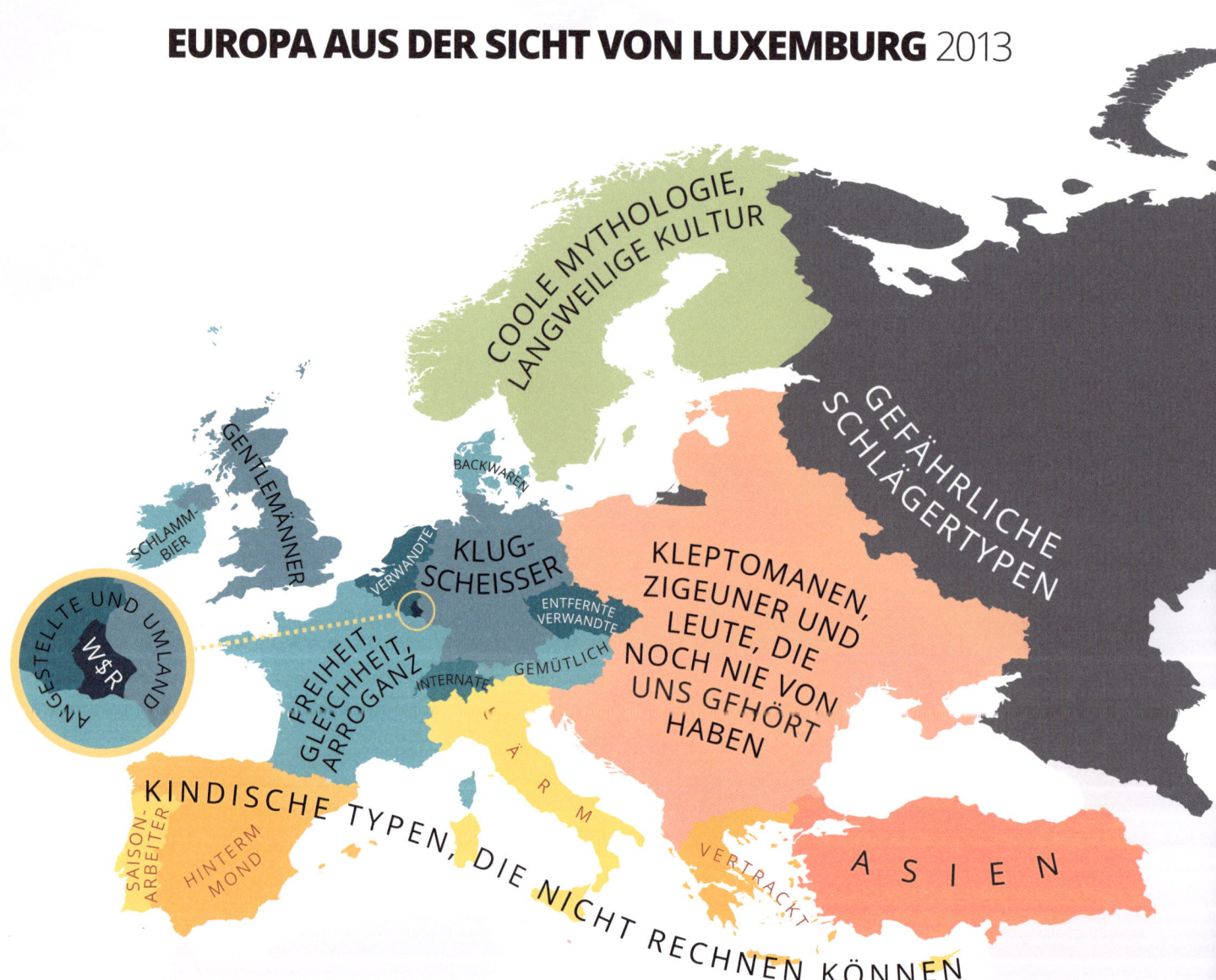

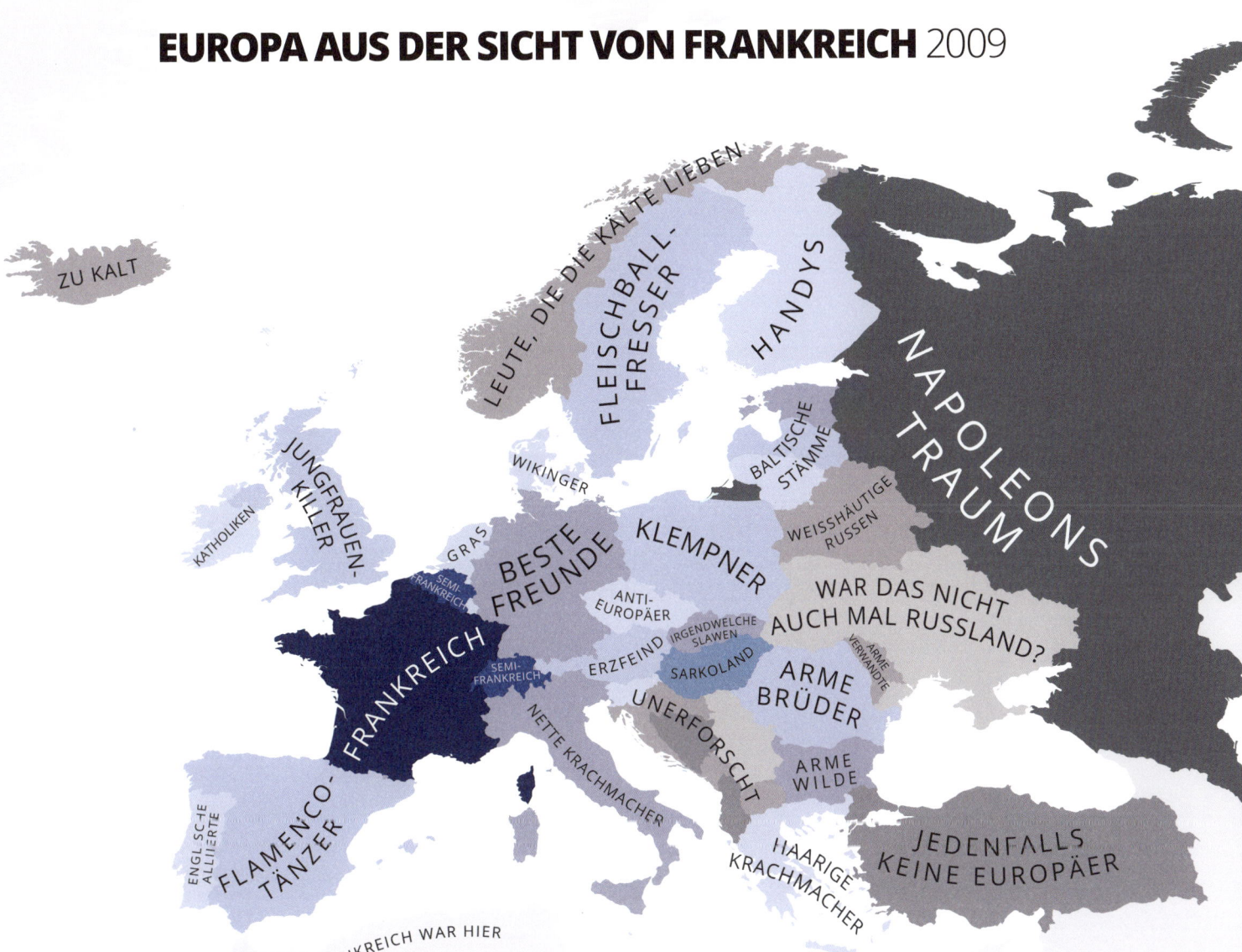

EUROPA AUS DER SICHT VON GROSSBRITANNIEN 2018

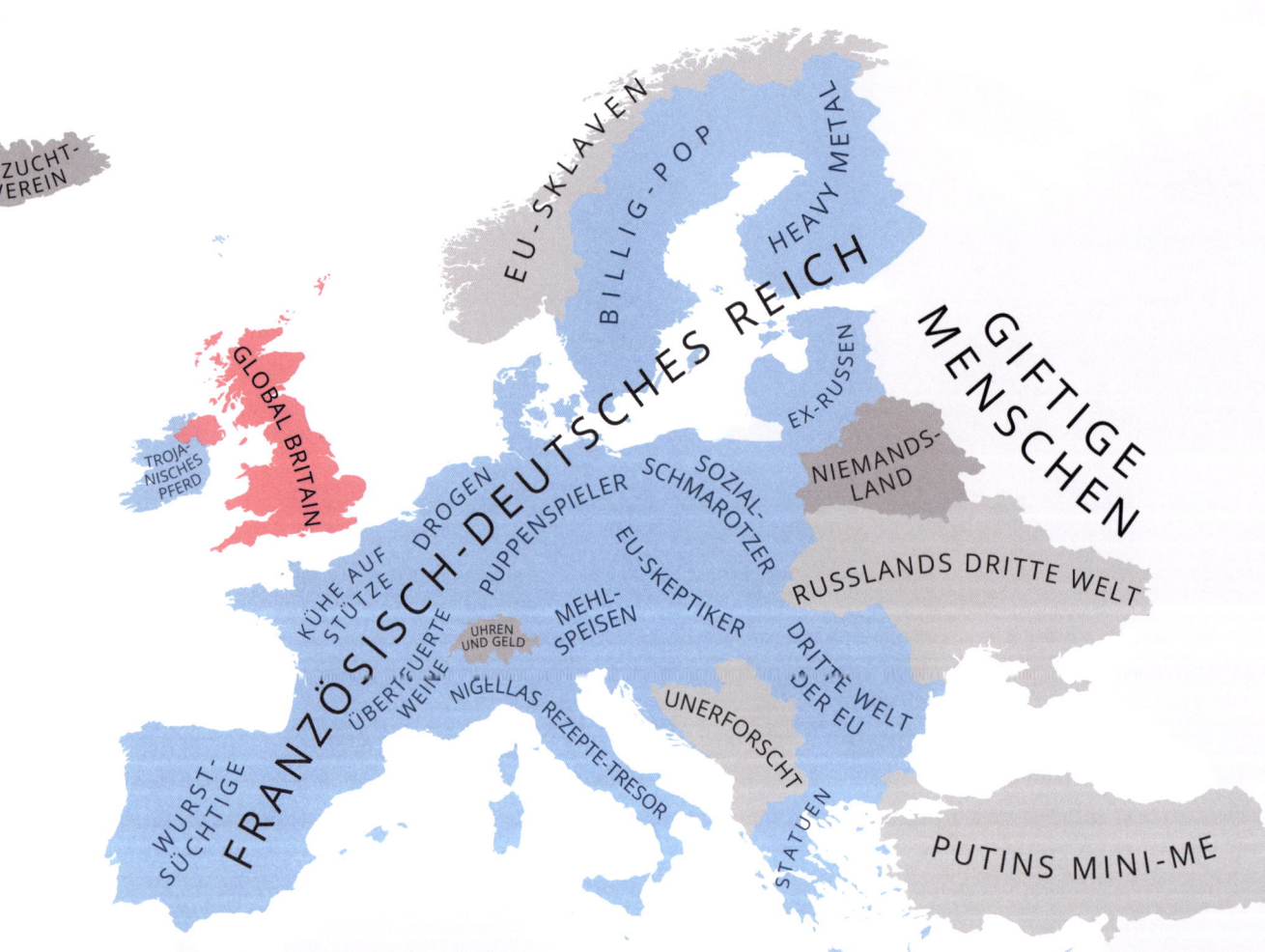

48

EUROPA AUS DER SICHT VON RUSSLAND 2010

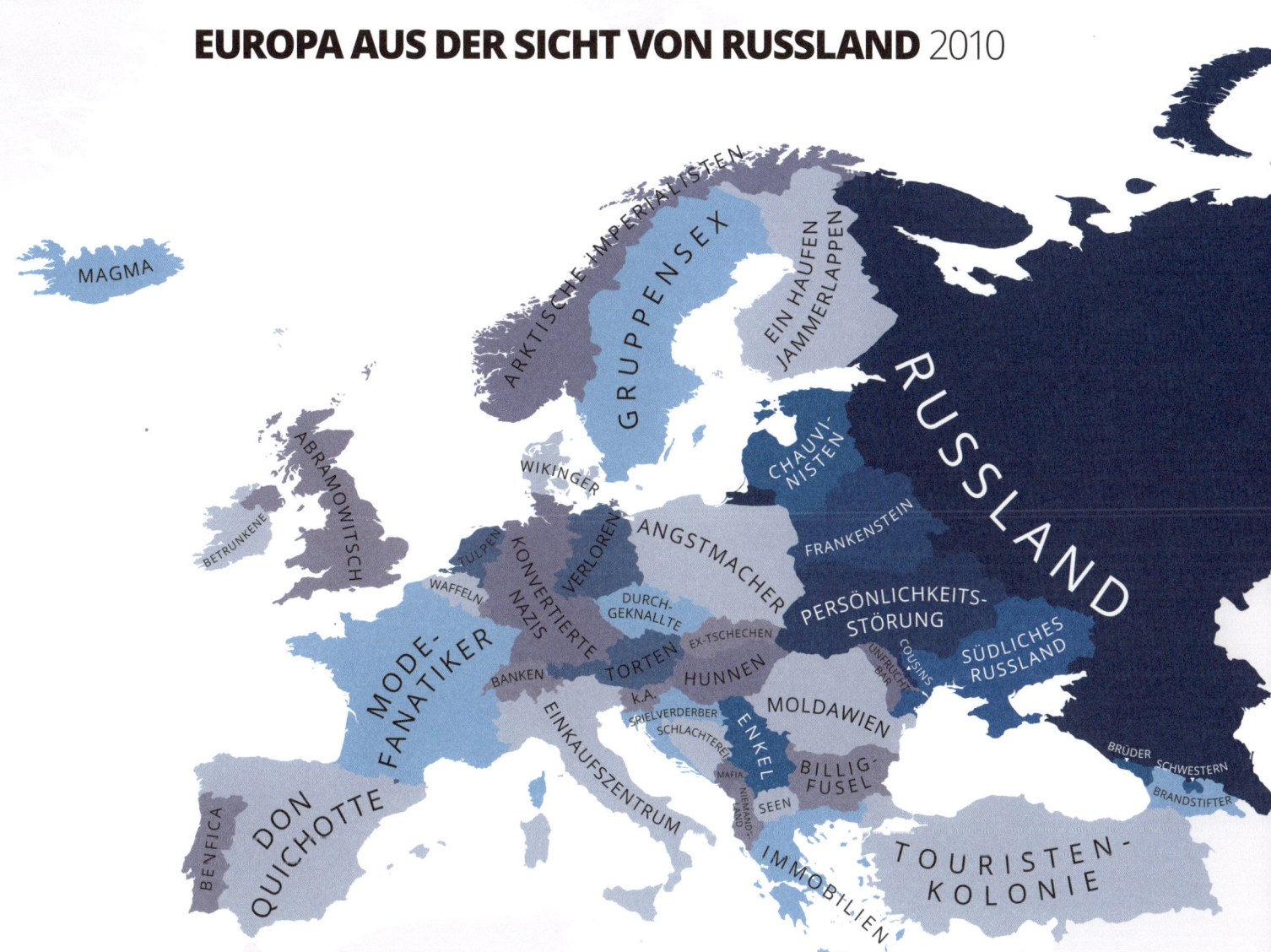

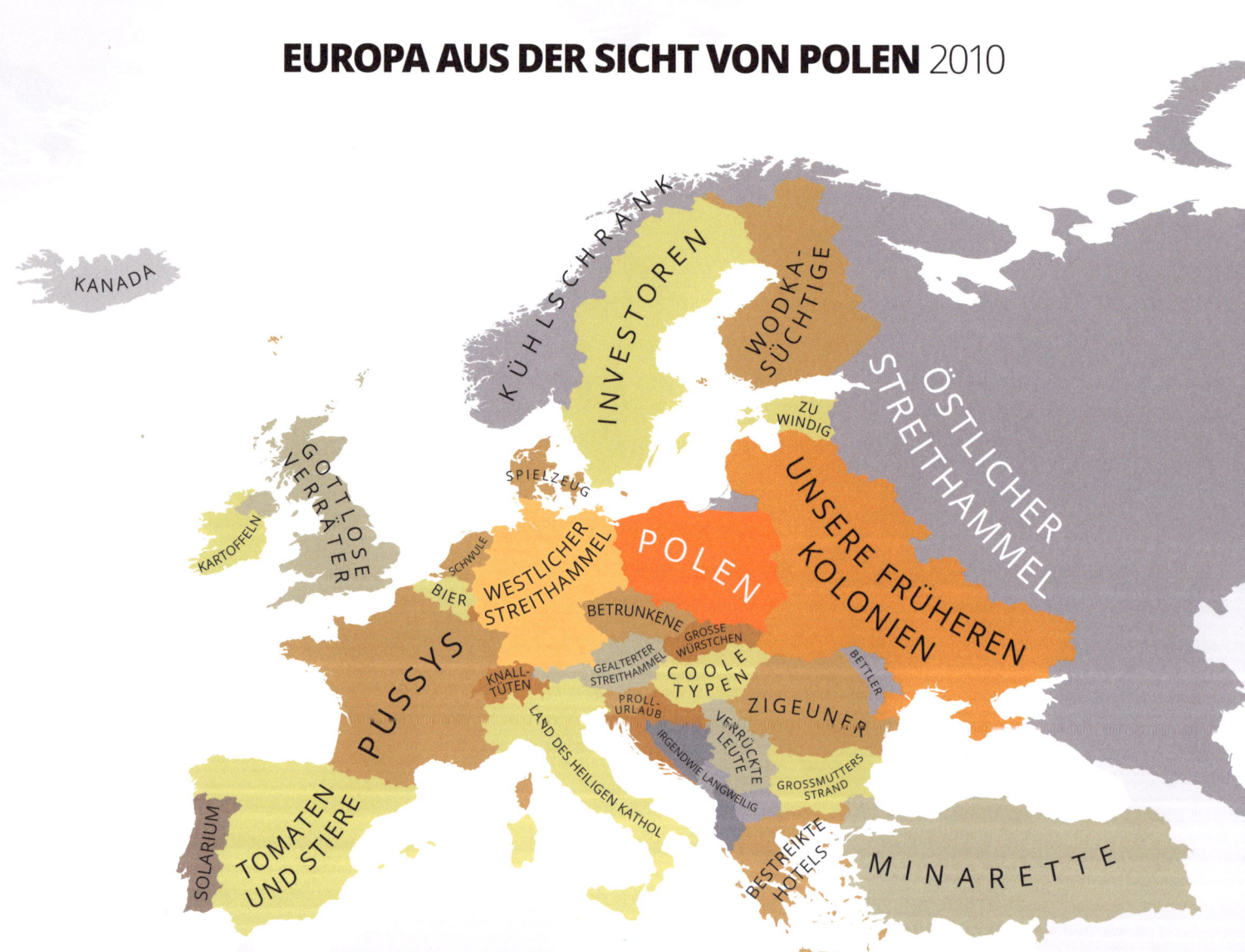

EUROPA AUS DER SICHT VON SPANIEN 2011

- KÜHLSCHRANK (Island)
- EISWASSER
- VÖLLIG REGLOS
- KEINE STEUERHINTERZIEHUNG
- SÜMPFE
- VERHEIRATETE PRIESTER
- HERB
- ROTSCHÖPFE
- KOTZENDE TOURISTEN
- RUSSISCHES GALIZIEN
- DER RUSSISCHE FRANCO
- MALER
- CRUELLA DE MERKEL
- BLONDE KATHOLIKEN
- RADIOAKTIVE NANNYS
- HUSSITEN
- GABACHOS
- GROB
- EGOISTEN
- KEINE AHNUNG
- KLEMPNER
- KEINE DATEN
- HUNNEN
- WINDELWECHSLER
- MUTTERSÖHNCHEN
- ESPAÑA BALCÁNICA
- KLOPUTZER
- EHER EIN SEE
- CORTÉS-MEER
- Mekka
- WINDSCHUTZ
- CAFÉ PARA TODOS
- SPANISCHES MEER
- Daddy Cool
- CATALUÑA ORIENTAL
- SCHLECHTES OLIVENÖL
- ÖSTLICHES MAROKKO

54

IBERIEN AUS DER SICHT VON SPANIEN 2011

- GABACHOS
- SCHOTTLAND
- MILCH
- HÖHLEN
- ETA
- STIERRENNEN
- WEIN
- CASTEÑOLA
- ISABELLAS BRAUTPREIS
- EGOMANEN
- CORTÉS-MEER
- WINDSCHUTZ
- SNOBS
- NAMIBIA
- DEUTSCHLAND
- NEUE-WELT-RÄUBER
- GOLF
- KORRUPTION
- NÖRDLICHES MAROKKO
- SPANISCHES MEER

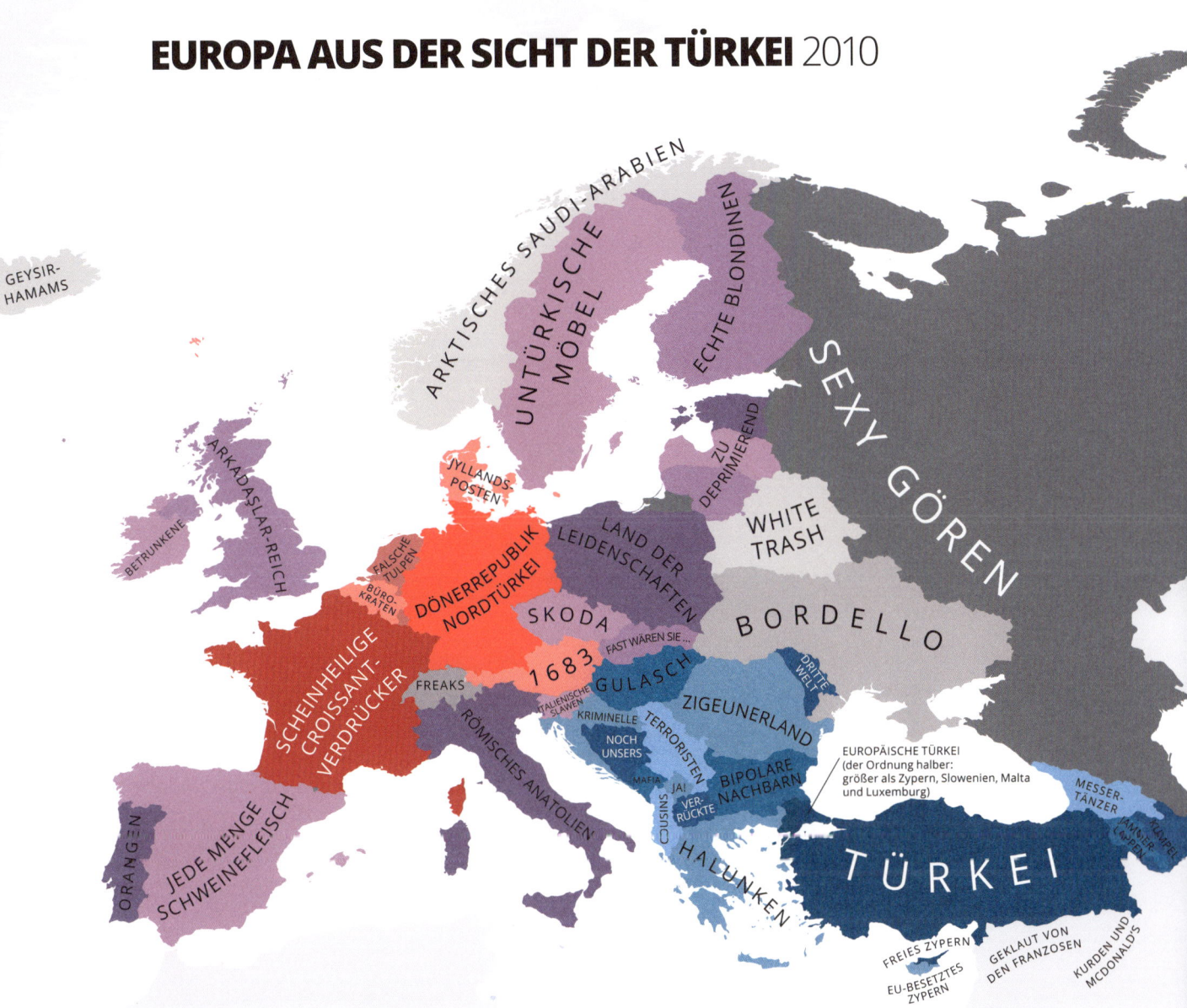

EUROPA AUS DER SICHT VON GRIECHENLAND 2011

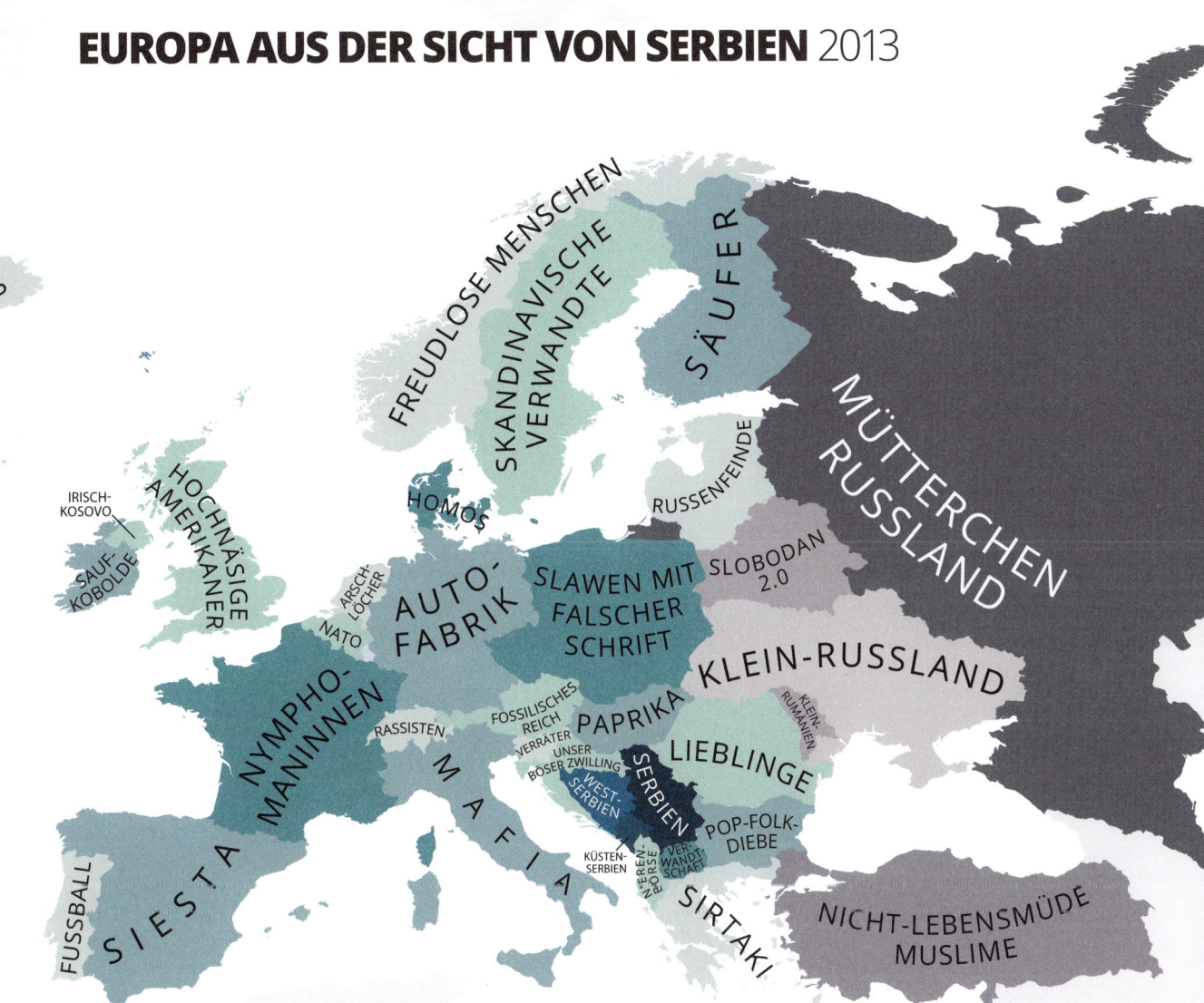

EUROPA AUS DER SICHT VON PORTUGAL 2016

EUROPA AUS DER SICHT DER BRITISCHEN TORIES 2013

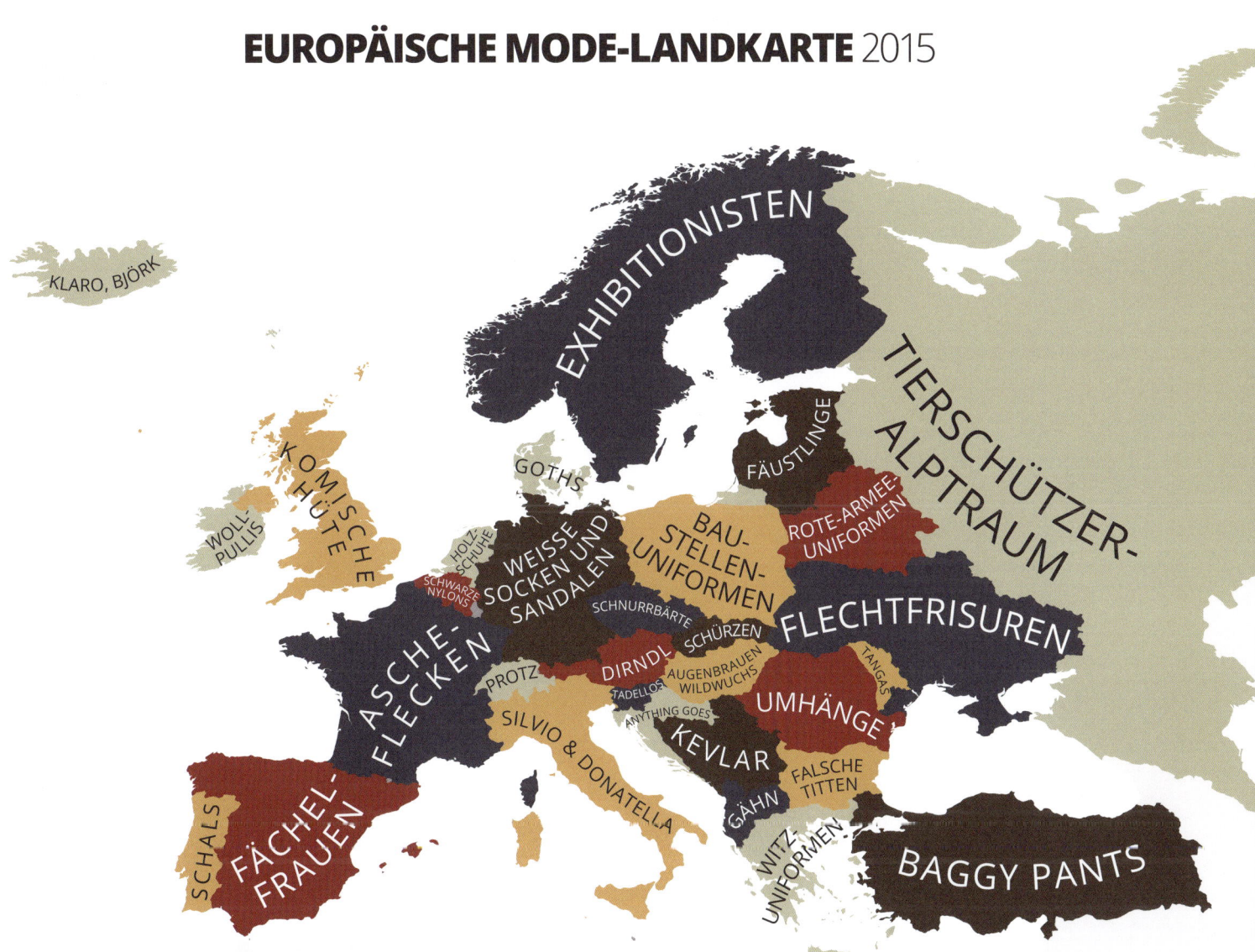

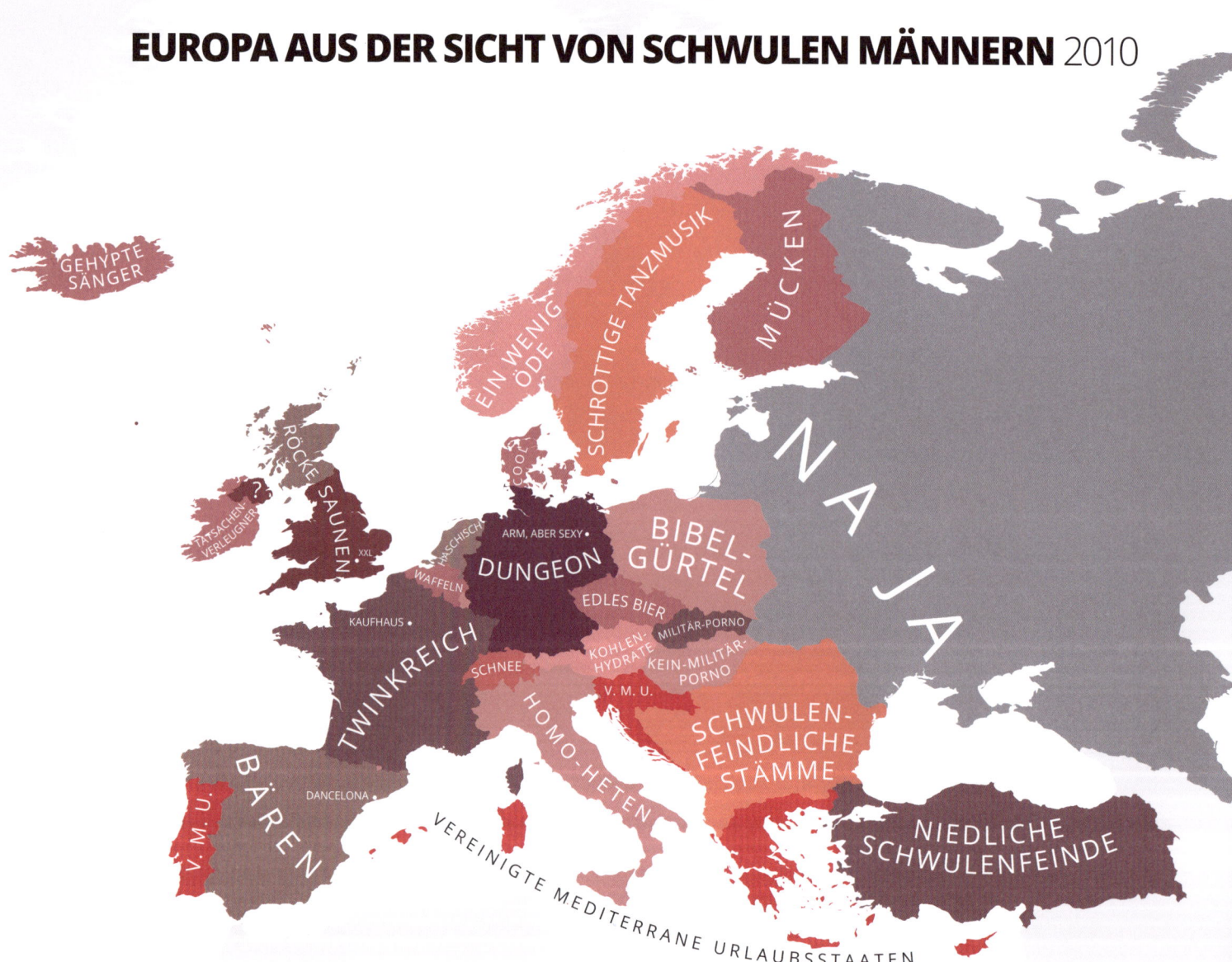

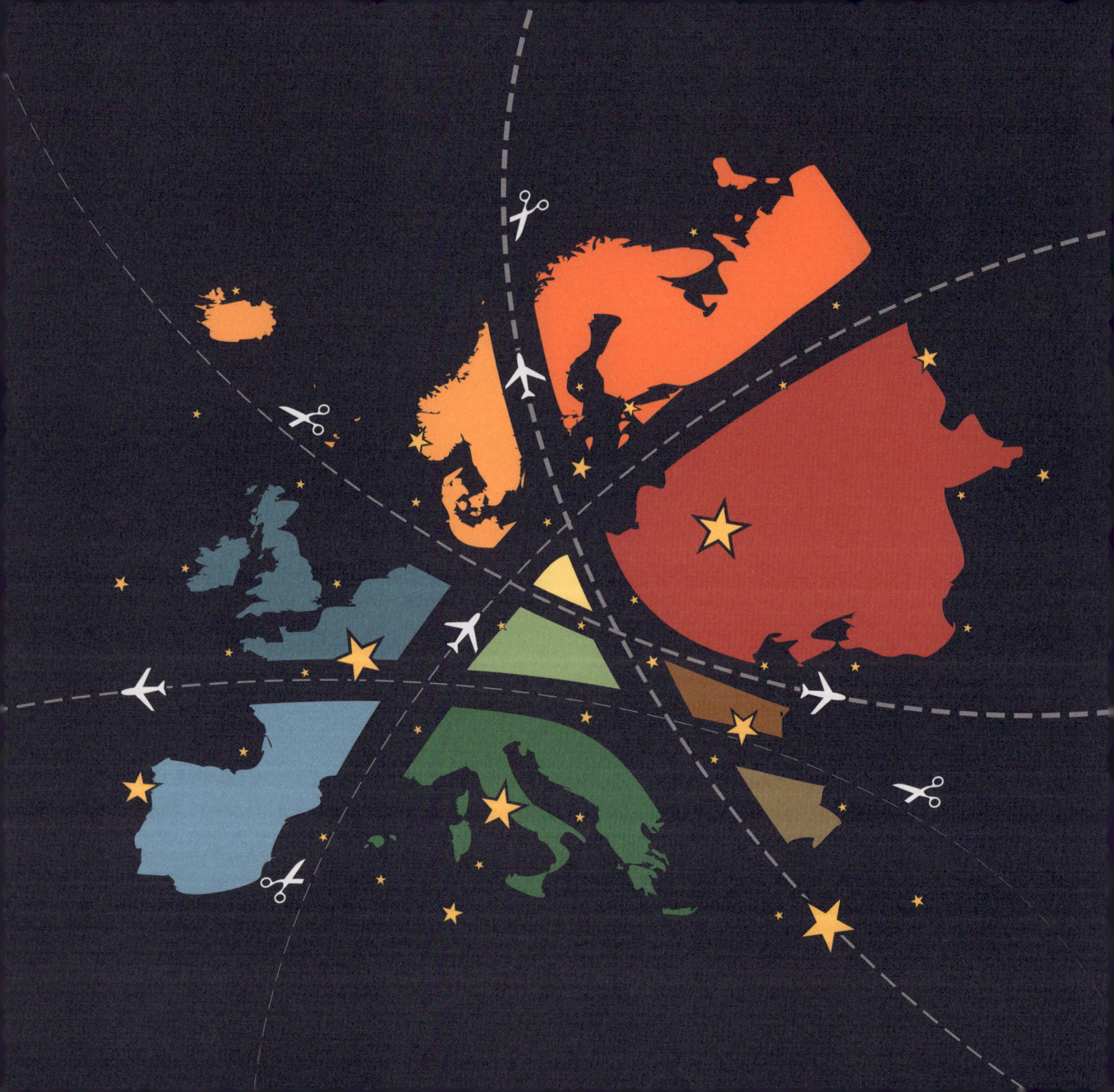

Europa endlos

Der Evolutionspsychologe Robin Dunbar, ein Experte für Primatengehirne, hat einmal festgestellt, dass kein Mensch mit mehr als 150 anderen Menschen soziale Beziehungen unterhalten könne. Diese Grenze, so argumentierte er, sei eine direkte Folge der relativen Größe des Neocortex. Mit anderen Worten: Wir haben schon physisch gar nicht die Fähigkeit, eine sinnvolle Verbindung mit einer größeren Menge von Menschen aufrechtzuerhalten. Wir haben zu wenige Schubladen in unserem Gehirn, in denen wir all den notwendigen Klatsch aufbewahren könnten. Ich frage mich, ob diese Regel auch für politische Allianzen gilt. Gibt es eine optimale Anzahl an Mitgliedern, jenseits derer eine Organisation nicht mehr funktioniert? Das ist eine spannende Frage, vor allem während einer Wirtschaftskrise, die alle Arten von Spaltungen auf dem europäischen Kontinent vertieft hat. Politiker sprechen heute über die Ermüdungserscheinungen angesichts der EU-Erweiterung, über ideologische Gräben und das Scheitern des Multikulturalismus. Die älteren Wähler in Europa hegen und pflegen die Erinnerungen an jene Zeit, als die Union einfach eine Gemeinschaft einiger wohlhabender Länder war, die in Frieden, Harmonie und ewiger wirtschaftlicher Glückseligkeit zusammenlebten. Die Entscheidungsfindung in Brüssel war leicht wie eine Brise: Angela Merkel war noch mit Plakaten für die Freie Deutsche Jugend beschäftigt, David Cameron rauchte in Eton Hasch, und last but not least mussten die Teilnehmer des Eurovision Song Contest in ihrer Muttersprache singen. Es gab einen gemeinsamen Feind hinter dem Eisernen Vorhang, und die Bedrohung, die ständig von ihm ausging, vereinte eine Menge Leute, die sonst keine natürlichen Verbündeten waren, hinter einem gemeinsamen Ziel. Und nun die freche Frage: Gäbe es überhaupt eine Europäische Union, wenn die Sowjets nicht nach und nach die Länder Osteuropas vereinnahmt hätten? Nach dem Ende des Zweiten Weltkriegs dauerte es nur wenige Jahre, bis die Welt komplett anders aussah. Viele alte politische Ideen wurden wiederbelebt, angepasst an einen zweipoligen und elendig geteilten Kontinent. Stalin, der während des Krieges die Realpolitik besser beherrschte, als Bismarck sich das jemals erträumt hätte, klaute eine (eigentlich antisowjetische) Idee von Georges Clemenceau und begann hastig mit dem Bau seines »Cordon sanitaire« aus den kleinen Pufferstaaten, die ihn vor dem Einfluss des pluralistischen Westens schützen sollten. Er selbst machte die Algebra zu einem Mittel der Politik und versuchte, seinen kapitalistischen Verbündeten Winston Churchill davon zu überzeugen, dass sich der außenpolitische Einfluss in einem einzelnen Land nach Prozenten zwischen den Großmächten der Zeit aufteilen ließe. Gemäß seinem Plan sollte das Vereinigte Königreich 90 Prozent Einfluss in Griechenland erhalten, 25 Prozent in Bulgarien, 50 Prozent in Jugoslawien und Ungarn, und 10 Prozent in Rumänien. Die Sowjetunion sollte den Rest kriegen, als wären diese Länder Zutaten eines Kochrezeptes. Diese lächerlichen Berechnungen waren nur ein Trick, um Zeit zu gewinnen, bis die (gar nicht so) geheimen kommunistischen Agenten in den sowjetisch besetzten Gebieten ihre Macht gefestigt hatten. In Anlehnung an den historischen Prager Fenstersturz im Jahre 1618, der den Dreißigjährigen Krieg auslöste, wurde der tschechoslowakische Außenminister Jan Masaryk direkt unter dem Badezimmerfenster seines Büros tot aufgefunden. Stalin hatte einen Sinn für Humor, der dunkler war als ein Schwarzes Loch. Bald bekam jedes Land, in dem der Sowjet-Prozentsatz bei mindestens 50 Prozent lag, eine hundertprozentige kommunistische Regierung verpasst, die – zu niemandes Überraschung – keine Lust hatte, mit irgendjemandem die Macht zu teilen.

Wodurch sich alle algebraischen Zusicherungen Churchills als bedeutungslos erwiesen. Dadurch erhielt Europa eine seiner tiefsten politischen Narben. Teile davon waren auf dem Höhepunkt des Kalten Krieges sogar vom Weltraum aus sichtbar. Üppiger Wald wuchs in den Randzonen verfeindeter Staaten, den wir heute als Grünes Band Europas bezeichnen. Viele Tiere, darunter auch bedrohte Arten, fanden Zuflucht in diesen Oasen. Hätte der Kalte Krieg noch länger angedauert, hätte Europa seinen legendären Urwald zurückgewonnen, zumindest in den schwer bewachten Pufferzonen zwischen den beiden gegnerischen Lagern. Einst war es praktisch unmöglich, den Kontinent zu durchqueren, und es gab große Pufferzonen, die man »Marken« nannte. Geografie, Natur und Politik flirteten miteinander und forderten einander jedes Mal Land ab, wenn zwei Nachbarstaaten generationenlang Streitereien austrugen. Zu den bemerkenswerten Beispielen zählte die »Spanische Mark«, die die Franken von den Mauren auf der Iberischen Halbinsel trennte. Ein weiteres ist das moderne Dänemark, das sogar seinen ursprünglichen Namen beibehalten hat: »Mark der Dänen«. Während ein Eichhörnchen wahrscheinlich keine Probleme hatte, von Spanien nach Griechenland zu reisen, indem es einfach von Ast zu Ast sprang, war es für die Menschen viel schwieriger, sich über trockenes Land zu bewegen. Deshalb sind die meisten klassischen Zivilisationen in Europa an den Ufern von Flüssen und Meeren entstanden.

Die alten Römer waren die Ersten, die dauerhafte Straßen bauten, um ihre Provinzen miteinander zu verbinden. Einige dieser Straßen existieren noch heute. Die erste echte transkontinentale Teilung Europas begann um diese Zeit. Die Römer schafften es tatsächlich, Europa in der Mitte durchzubrechen. Es begann mit der Kluft zwischen dem Norden und dem Süden oder – wie die Römer das sahen – zwischen den wilden Barbaren und ihrer eigenen überlegenen Zivilisation. Die krassen kulturellen Unterschiede zwischen diesen beiden Welten waren für eine Reihe von Konflikten in der späteren europäischen Politik verantwortlich. Einer der bemerkenswertesten ereignete sich zwischen Hitler und seinem abergläubischen Diener Himmler, der damit beschäftigt war, prähistorische germanische Dörfer auszugraben.

»Warum stoßen wir die ganze Welt darauf, dass wir keine Vergangenheit haben? Nicht genug, dass die Römer große Bauten errichteten, als unsere Vorfahren noch in Lehmhütten hausten, fängt Himmler nun an, diese Lehmdörfer auszugraben und gerät in Begeisterung über jeden Tonscherben und jede Steinaxt, die er findet. Wir beweisen damit nur, dass wir noch mit Steinbeilen warfen und um offene Feuerstellen hockten, als Griechenland und Rom sich schon auf höchster Kulturstufe befanden. Wir hätten eigentlich allen Grund, über diese Vergangenheit stille zu sein.«

Wäre ich ein Nazi, wäre ich wohl genauso angepisst gewesen. Selbst die mächtigsten Herrscher können die Geschichte nicht so umschreiben, dass sie ihren eigenen Zwecken dient. Es stellte sich heraus, dass ein Haufen römischer Schutt mächtiger war als eine V2-Rakete.

Zum zweiten Mal teilten die Römer Europa, als sie ihr eigenes Reich in einen West- und einen Ostteil aufspalteten. Was als eine rein bürokratische Entscheidung gedacht war, ging bald in eine kulturelle und religiöse Rivalität über, die bis zum heutigen Tag in verschiedenen Formen weiter fortbesteht – und das Leben viel zu vieler Menschen kostete. Aus Gründen des Humors vereinfache ich die Geschichte natürlich. Aber ich erinnere mich an ein ernstes Gespräch mit einem italienischen Freund, der mir die Via Appia am Rande Roms zeigte. Nachdem wir ausgiebig besprochen hatten, wie dieses Wunderwerk der menschlichen Technik es geschafft hat, derart lange zu bestehen, lächelte er und sagte: »Diese Straße ist noch intakt, weil sie zu wichtig war. Sie ging direkt nach Brindisi und von dort nach Griechenland. Damals kam fast alles, was qualitativ hochwertig war, aus Griechenland, während die Menschen hier sich für Gladiatorenkämpfe und Militärtechnik interessierten. In gewisser

Weise waren die Römer die Amerikaner der Antike.« Auch er vereinfachte die Sache aus Gründen des Humors, aber sein Witz wirkte seltsam treffend, vor allem weil unser Gespräch zu der Zeit stattfand, als George W. Bush immer noch aktiv den Irak »demokratisierte« und verzweifelt versuchte, das Wort »nuklear« korrekt auszusprechen. Auch eine wenig gebildete Person wie Bush weiß jedoch, dass die Demokratie in Griechenland ihren Anfang nahm, vermutlich mit der Hilfe von Jesus Christus, seinen Aposteln und – angeblich – 300 tapferen spartanischen metrosexuellen Männern, die ihr Leben im Kampf gegen Mahmoud Ahmadinedschad opferten.

Eine unbequeme Wahrheit über die antike Demokratie ist, dass diese nicht in ganz Griechenland praktiziert wurde, egal, was Hollywoodfilme uns weismachen wollen. Die Wiege der Demokratie stand in Athen, in einem von vielen Stadtstaaten also. Außerdem hielten die Athener nur freie Männer für würdig, als »Volk« zu gelten, und also durften auch nur sie wählen und Macht ausüben. Wie damals üblich, hielt man Frauen für zu dumm, um zu wissen, was gut für sie ist. Unterhalb der Frauen gab es eine weitere Unterschicht mit noch weniger Rechten: die Sklaven. Allerdings muss man beachten, dass ein Sklave befreit und zu einem athenischen Bürger werden konnte, während keine Frau jemals davon träumen konnte, zum Mann zu werden. Aufgrund dieser Besonderheiten muss man solch eine Herrschaft als Oligarchie bezeichnen, allerdings eine mit einer relativ großen herrschenden Schicht. Der andere wichtige griechische Stadtstaat namens Sparta kam nie auf den Gedanken, mit der Demokratie zu flirten. Sparta war eine Monarchie aus Selbstmordfanatikern, die zu allem Übel auch noch eine schreckliche Küche hatten. Sie hätten sicher ein Flugzeug in ein Handelszentrum in Persepolis crashen lassen, wenn das damals technologisch möglich gewesen wäre.

Zum großen Glück von Xerxes' I. konnten die Spartaner keine Boeing 767 bauen und also auch nicht die alte iranische Hauptstadt bedrängen. Vielleicht lag das daran, dass sie die Angewohnheit hatten, jene Kinder von Klippen zu schmeißen, die Mathematik lieber als Sport mochten. Persepolis wurde schließlich von einem mazedonischen Mann namens Alexander der Große zerstört, einem Schüler des Philosophen Aristoteles, der in nahezu allem irrte, aber es genau wie Kim Kardashian schaffte, irgendwie doch berühmt zu werden. Die Zerstörung von Persepolis durch Alexander geschah aus politischer Rache heraus. Ein kulturelles Zentrum mit roher Gewalt zu beseitigen, das weiter fortgeschritten ist als dein Reich, ist immer bittersüß. Daher hatten griechische Historiker das Bedürfnis, die Tat zu entschuldigen und die Barbarei der angeblich zivilisierten Herrscher zu vertuschen. Nach Diodor war Alexander einfach nur betrunken, als er seinen Truppen befahl, die iranische Hauptstadt zu zerstören. Sobald er wieder nüchtern war, fühlte er große Reue. Ein weiterer Historiker, Klitarch, liefert eine noch glaubwürdigere Erklärung. Er macht eine athenische Prostituierte dafür verantwortlich, den erleuchteten Alexander gezwungen zu haben, die verabscheuungswürdige Tat zu begehen. Es ist doch gar nicht so unwahrscheinlich, dass jeder von großen Männern begangene Deppenfehler in der Geschichte auf den Einfluss böser Frauen mit telepathischen Fähigkeiten zurückgeführt werden kann.

Die Rivalität zwischen dem antiken Griechenland und dem alten Iran wird oft als Meilenstein der europäischen Emanzipation vom Einfluss des Orients angesehen, und obwohl dieser Kampf sicher wichtig war, sollten wir versuchen, Mythen von Fakten zu unterscheiden. Wenn wir die politische Propaganda zu den Akten legen, verlieren einige unserer Erfolge für immer ihren Glanz, aber diesen Preis müssen wir zahlen, wenn wir uns wirklich emanzipieren wollen. Eine wirklich zivilisierte Gesellschaft kann ihre Identität nicht nur darauf gründen, einen gemeinsamen Feind zu haben. Wir können uns nicht auf ewig der Wir-gegen-sie-Mentalität verschreiben, denn damit wird unsere eigene Identität zur Geisel anderer. Sobald unser Feind verschwindet, zerbröselt alles, was wir aufgebaut haben. Ein wahres Gefühl der Einheit geht über Politik weit hinaus, und ein echtes Goldenes Zeitalter hat mit dem menschlichen Geist, nicht mit der Wirtschaft zu tun. Ein vereinigtes Europa wird sicher beispielsweise im Flugzeugbau besser mit dem Rest der Welt konkurrieren können, aber das kann kein grundsätzliches Argument für die Integration sein, denn wenn Flugzeuge einmal obsolet werden, wird die Gemeinschaft nutzlos. Mit der Erinnerung an die guten alten Zeiten, als wirtschaftliche Schwächen einfacher zu managen waren, ist niemandem geholfen. Kaum etwas ist so ärgerlich wie alte Menschen, die nur in der Vergangenheit schwelgen. Da die faltigen Neuronen in ihrem Gehirn immer weniger Neues aufnehmen, werden aus ihren bruchstückhaften Erinnerungen auf einmal makellose Erzählungen, und die Ereignisse ihres Lebens ergeben eine ganz neue Geschichte. Während westliche Konservative wie Merkel, Cameron und der spanische Ministerpräsident Rajoy einen Sparwettbewerb austragen, wenden sich die östlichen, etwa Viktor Orbán, dem Nationalismus zu und experimentieren mit wirtschaftlichem Protektionismus. Die Verwirrung auf der linken Seite des politischen Spektrums führt zu ähnlichen Spaltungen. Westliche Sozialisten nutzen die millionste Neuauflage von Marx als Waffe, während ihre östlichen Brüder sich mit der Erinnerung an die kommunistische Vergangenheit trösten und behaupten, dass alles gar nicht so schlimm war. Links, rechts, oben und unten – überall herrscht ein Gefühl des Verlusts und der verpassten Chancen. Die Mehrheit der Politiker denkt, dass das Goldene Zeitalter Europas bereits hinter uns liegt und von den bösen Geistern der Veränderung entführt wurde. Wenn sie die Uhr doch nur ein wenig zurückdrehen und anhalten könnten, auf dass die Zeit für immer und ewig zum Stehen komme, wie Gott und Stalin das wollten!

Natürlich überschätzt jede Generation die Bedeutung ihrer Zeit und hält ihre Werte für universal. Unsere Kurzsichtigkeit wird dadurch noch verstärkt, dass wir uns so selten die Zeit nehmen, unsere Ideale zu überprüfen. Wenn wir das tun würden, könnte eine schlichte Wirtschaftskrise Europa nicht in Stücke reißen. Wir hätten nicht mit ansehen müssen, wie das griechische Volk Angela Merkel als faschistisch beschimpft oder das deutsche Volk alle Menschen südlich der Alpen als faul. Niemand wird über Nacht faschistisch oder faul. Wenn beide Vorwürfe zutreffen, ist das Goldene Europäische Zeitalter eine Fata Morgana gewesen. Die Vorteile einer politischen Union, die der Sicherung von Frieden und Wohlstand dient, sind immer schwerer zu erkennen als die eines Militärbündnisses. Ein politischer Führer, der einen Krieg verhindert hat, bleibt seltener in Erinnerung als der, der einen gewonnen hat. Vielleicht aus folgendem Grund: Wenn einmal ein Krieg ausgeblieben ist, wird es schwieriger zu beweisen, dass er tatsächlich kurz bevorstand, während die Ruinen einer Katastrophe eine unmittelbare emotionale Wirkung hervorrufen und keine Theoriebildung erfordern.

Das zeitgenössische Europa mit all seinen Fehlern und Fehlgeburten ist ein wunderbarer Ort. Zum ersten Mal in seiner Geschichte wurden Grenzen geöffnet, ohne dass die Souveränität der Länder darunter gelitten hätte. Das ist schon viel, aber wer weitergehen will, darf nicht nur der Bürokratie vertrauen. Er muss die sogenannte Integration in die eigenen Hände nehmen und sie zum persönlichen Anliegen machen. Nach der Öffnung der Grenzen können wir jeden entfernten Flecken des Kontinents erreichen. Wir können reisen, essen, trinken, lieben, küssen, ficken, leben und lernen, wo immer wir wollen, und dabei die größten Vorteile genießen, die wir einander zu bieten haben. Selbst diejenigen unter uns, die den gröbsten Klischees entsprechen, haben eine Überlebenschance. Ein desorganisierter fauler Südländer kann lernen, effizienter zu arbeiten, und der pedantische verklemmte Nordländer kann lernen, das Leben ein bisschen mehr zu genießen.

Im Europa des 21. Jahrhunderts ist alles möglich. Lassen Sie sich von niemandem etwas anderes einreden.

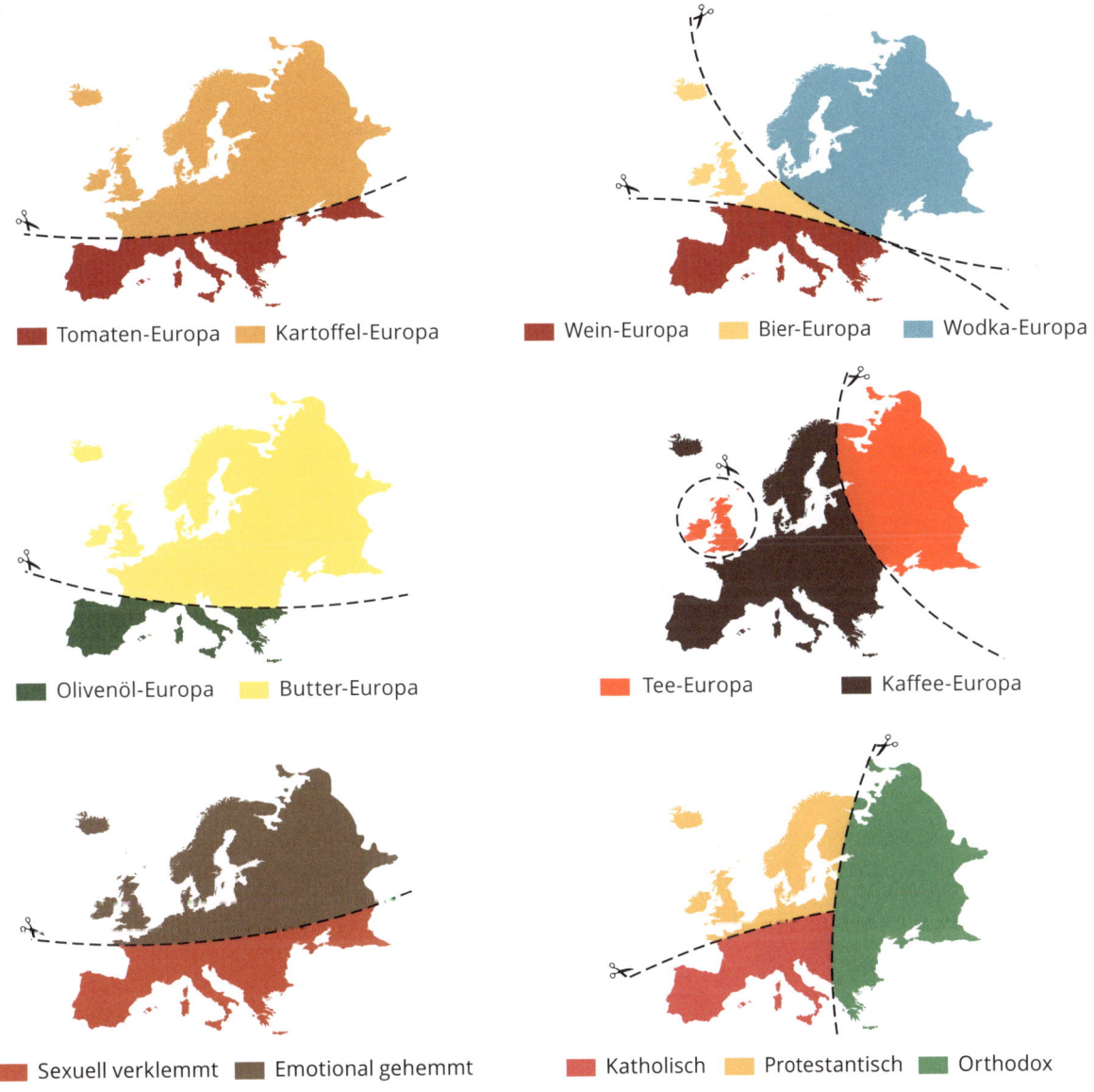

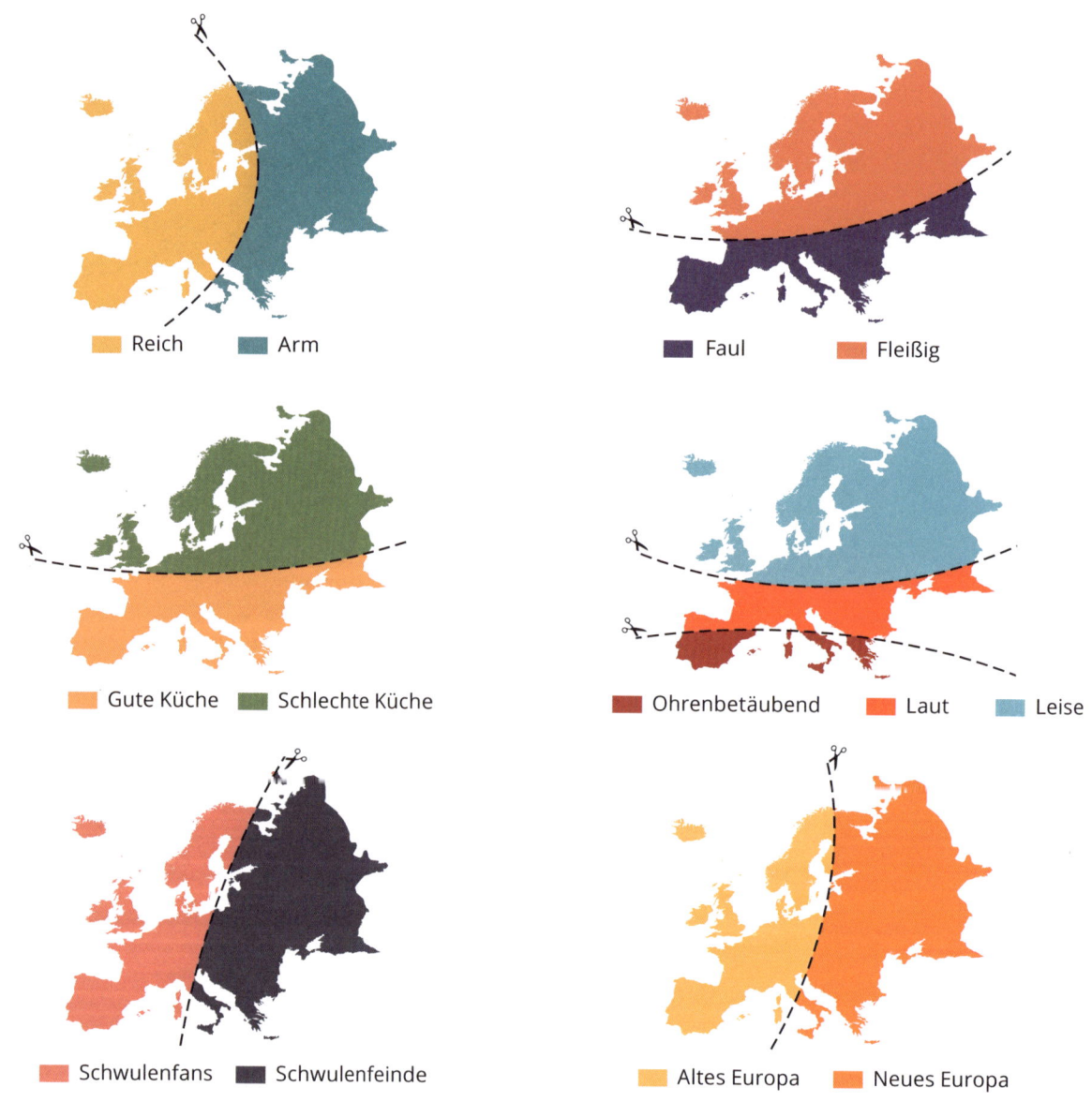

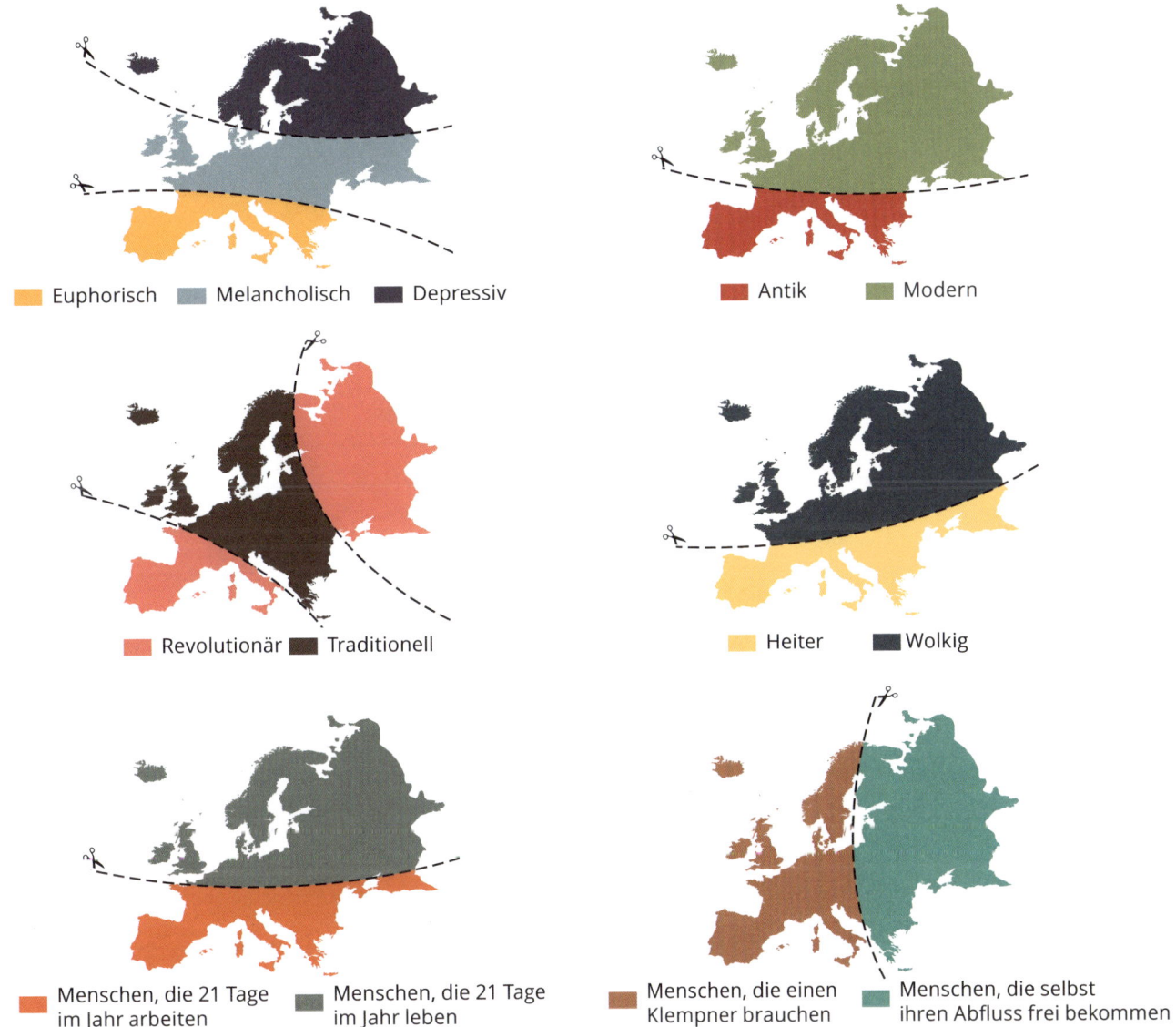

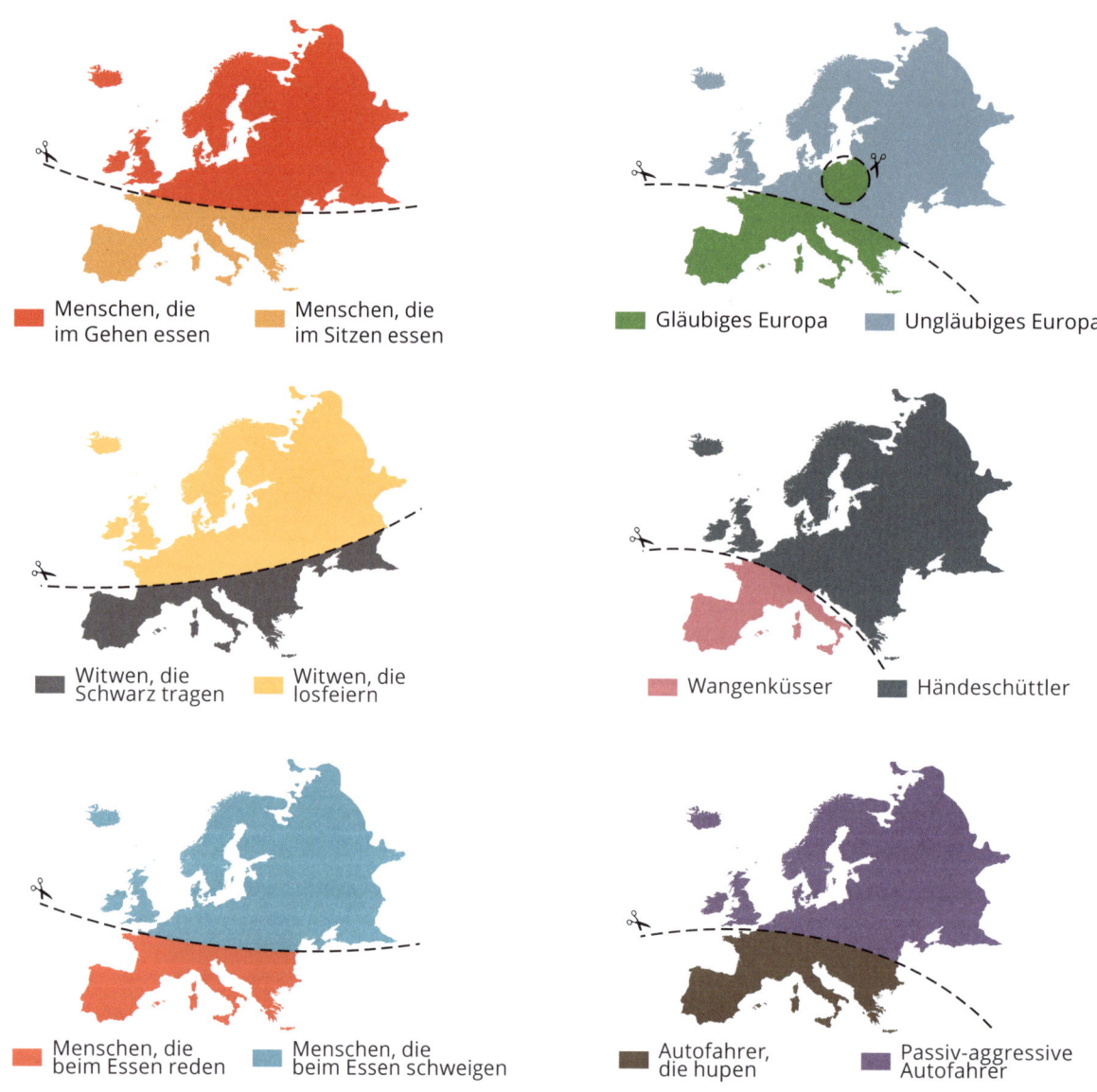

Die amerikanische Welt

»Es gibt einen Kult der Ignoranz in den Vereinigten Staaten, und zwar schon immer. Eine bestimmte Art des Anti-Intellektualismus zieht sich wie ein roter Faden durch unser politisches und kulturelles Leben, unterstützt durch diese falsche Vorstellung, dass Demokratie bedeutet: ›Meine Ignoranz ist genauso gut wie dein Wissen.‹«

Dieses Zitat von Isaac Asimov ist fast so berühmt wie das Thema des Artikels, aus dem es stammt. Er heißt »Der Kult der Ignoranz« und erschien am 21. Januar 1980 in der Zeitschrift Newsweek. Obwohl seit seiner Erstveröffentlichung 32 Jahre vergangen sind, klingt er immer noch wie ein alarmierender Kommentar zu einem zeitgenössischen Problem. Ich wette, er wird auch nach weiteren 32 Jahren noch aktuell sein. Bei besagtem Kult geht es nämlich nicht um Ignoranz. Er ist eine direkte Folge davon, dass Amerika alle Autorität von Grund auf geringschätzt. Diese Geringschätzung ist aus einer edlen Vorstellung erwachsen, nämlich daraus, dass jeder Mensch die gleichen Möglichkeiten haben sollte, sich im Leben zu verwirklichen. Sich von allen Standesprivilegien zu verabschieden, war etwas außerordentlich Revolutionäres für die damalige Zeit.

In Europa verweisen viele immer auf die Französische Revolution, wenn sie das Aufkommen des Republikanismus erklären wollen. Aber wir Europäer übersehen geflissentlich die Tatsache, dass die Französische Revolution von der Amerikanischen inspiriert war, die 15 Jahre vorher stattfand. Geblendet von unserer selbst ausgerufenen geistigen Überlegenheit, vergessen wir häufig, wie schwer es für die republikanischen Ideen war, sich auf dem Alten Kontinent durchzusetzen. Man vergleiche nur die politischen Karrieren von George Washington und Napoleon Bonaparte miteinander. Ersterer wurde Präsident, zog sich aber nach zwei Amtszeiten zurück. Letzterer rief sich selbst zum Herrscher aus und setzte die Kronen eroberter europäischer Königreiche seiner Familie und seinen Freunden auf. Solche kleinen, aber bezeichnenden Unterschiede führen oft zu schlimmen Missverständnissen. Für das denkende Amerika ist die Vorstellung eines erblichen Monarchen als Staatsoberhaupt absolut lächerlich, ganz egal, wie symbolisch diese Position sein mag. Für den denkenden Europäer ist die Möglichkeit, wählen zu können, ohne einen Personalausweis zu besitzen, der ausdrücklich die eigene Identität nachweist, nichts als reine Blödheit und eine irrige Auslegung verfassungsmäßiger Grundsätze. Die meisten dieser Besonderheiten können als Verfahrensfragen abgetan werden. Allerdings geht die amerikanische Verehrung ultimativer Freiheit fast nahtlos in ein außer Kontrolle geratenes Lagerfeuer über. Der Kern des Problems besteht darin, dass Freiheit, wie jedes andere Ideal, nicht absolut definiert werden kann. Der Begriff »Freiheit« kann zwar relativ gut politisch und juristisch kodifiziert werden, von einer philosophischen oder emotionalen Warte aus betrachtet, hat er aber einen äußerst schwammigen, ja, fast widersprüchlichen Gehalt. Was die Angelegenheit außerdem verkompliziert, ist die Tatsache, dass Politik oft aus Emotionen hervorgeht und Gesetze auf philosophischen Systemen beruhen. Das Endergebnis ist ziemlich fragil, wenn es nicht richtig gehegt und gepflegt wird. »Ewige Wachsamkeit ist der Preis der Freiheit« lautet ein Ausspruch, der einem anderen Gründungsvater Amerikas zugesprochen wird, Thomas Jefferson. In einem philosophischen Sinne müsste es heißen: »Ewige Demut ist der Preis des Wissens.«

Der Mangel an Demut ist es, worüber sich Isaac Asimov bitterlich beklagt. Er steht für die schlimmsten Exzesse des amerikanischen Nationalstolzes. Er ist die unvermeidliche Schattenseite der großen freiheitlichen Ideen, und

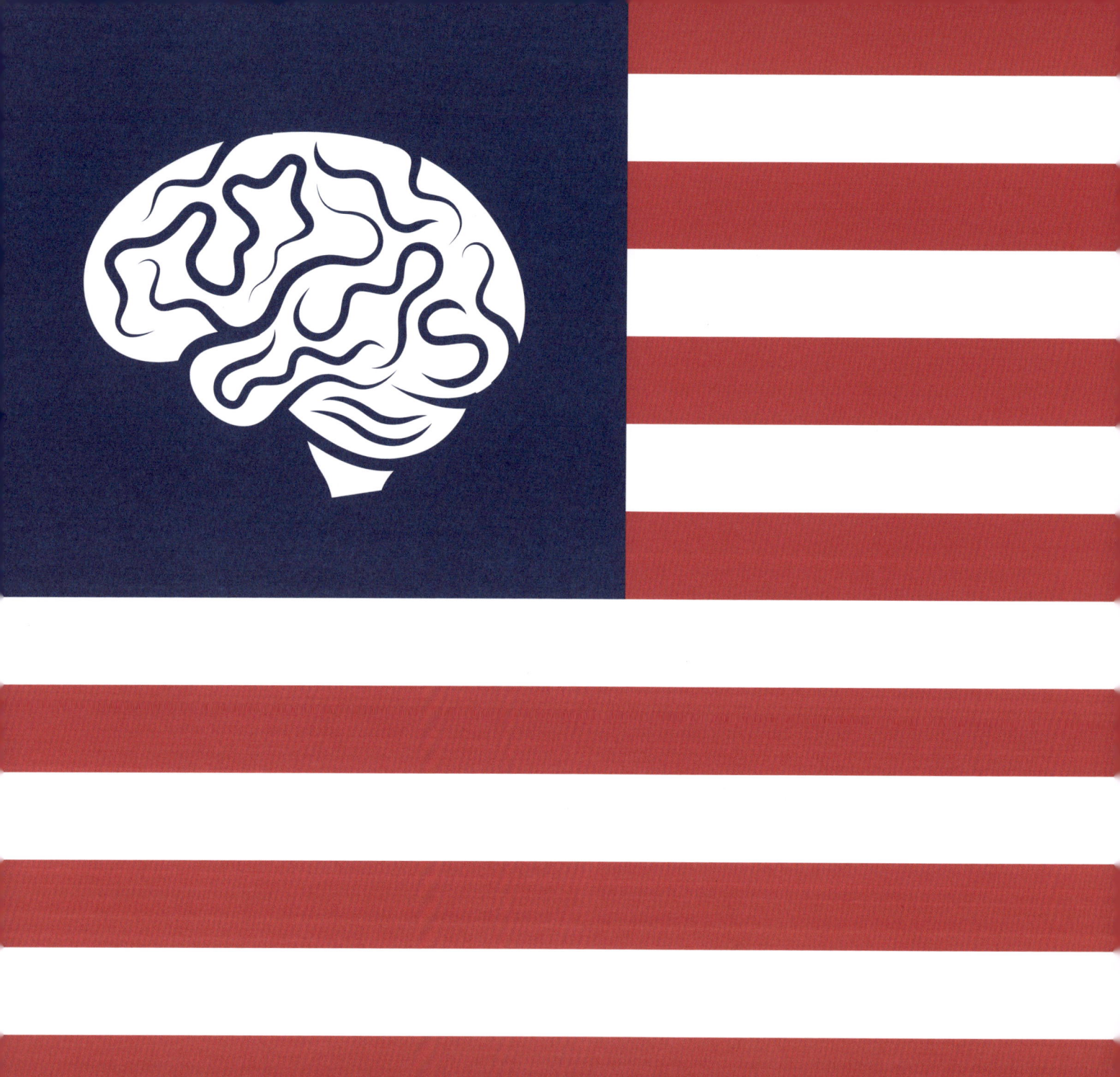

die Gefahr, dass er als Sturm über das Land hinwegfegt, ist allgegenwärtig. Dabei nimmt er viele Formen an und berührt jede Menge Themen, vom vernünftigen Gespräch über Abtreibung über die bigotte Opposition gegen Schwulenrechte und die lächerlichen Forderungen nach Anerkennung des Kreationismus bis hin zu dem schockierendsten und respektlosesten Anspruch, dem Recht auf umfassende Blödheit und Uninformiertheit. Amerikaner werden im Ausland häufig reflexartig als blöd beschrieben. Aber wie jedes Stereotyp ist auch dieses letztlich falsch. Es gibt überall auf der Erde blöde Menschen, in jeder Stadt und in jedem gottverlassenen Dorf. Der Unterschied ist der, dass die Deppen in aller Welt sich für ihre intellektuellen Fähigkeiten schämen und versuchen, nicht aufzufallen, wenigstens wenn es um Wissenschaft geht. In Amerika hingegen ist der Depp in unverschämter Weise stolz auf seine Dummheit, so sehr, dass er letztlich zum Führer politischer Diskurse und ideologisch dominanter Strömungen einer ganzen Partei werden kann.

NORDAMERIKA AUS DER SICHT DER USA 2012

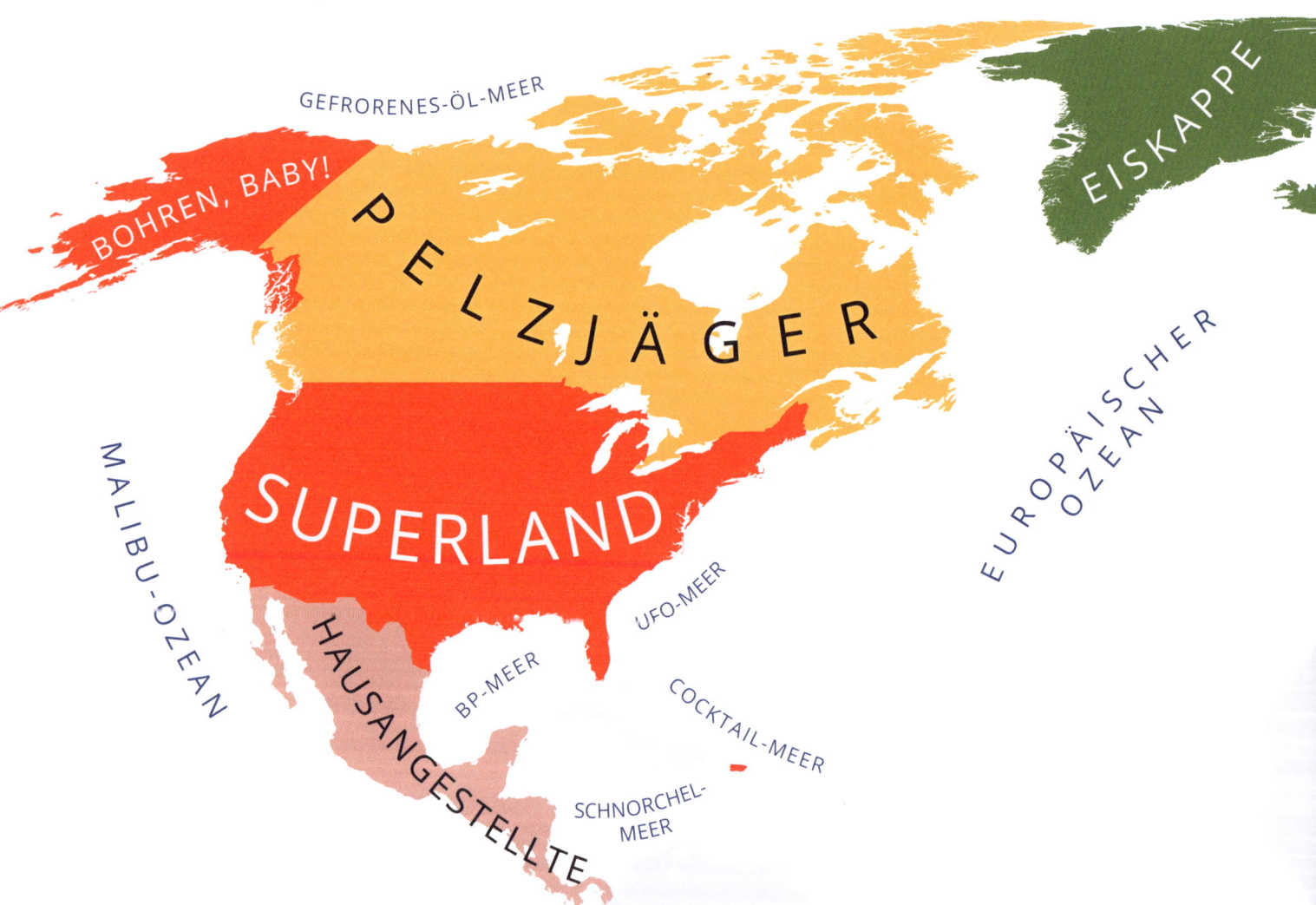

DIE KARIBIK AUS DER SICHT DER USA 2012

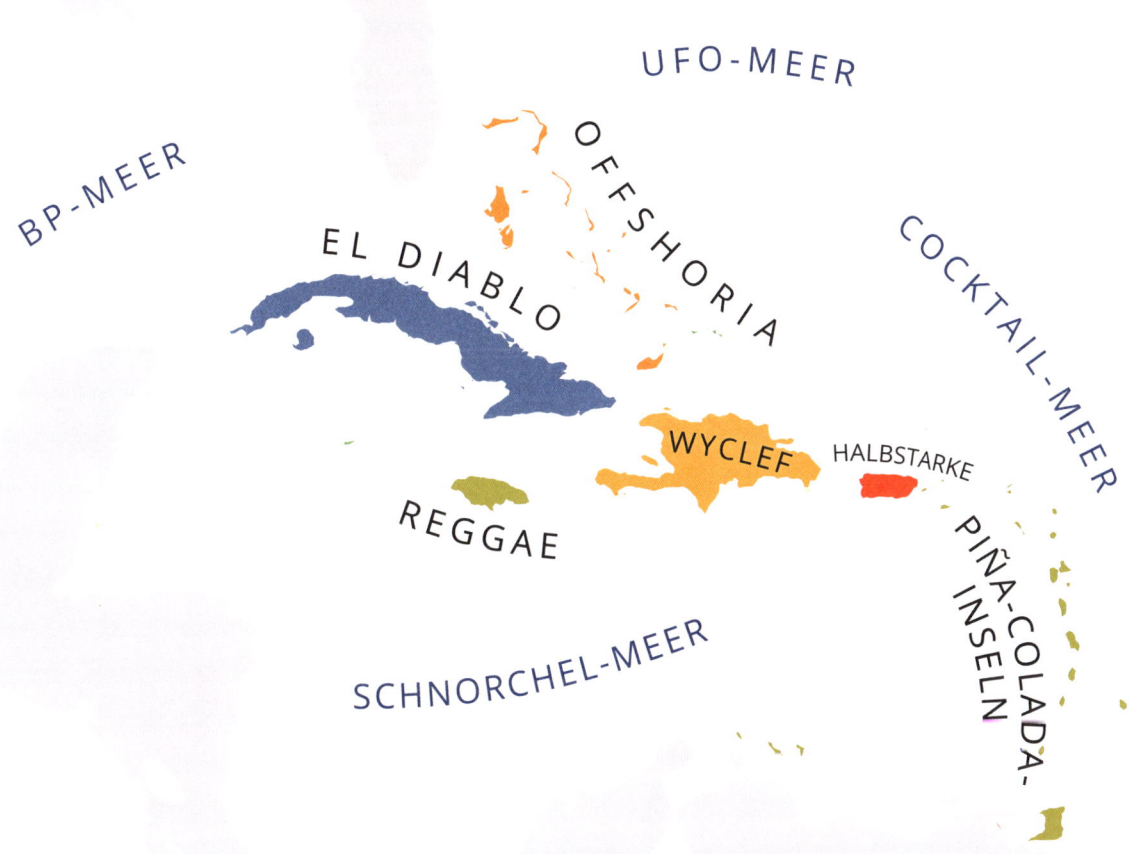

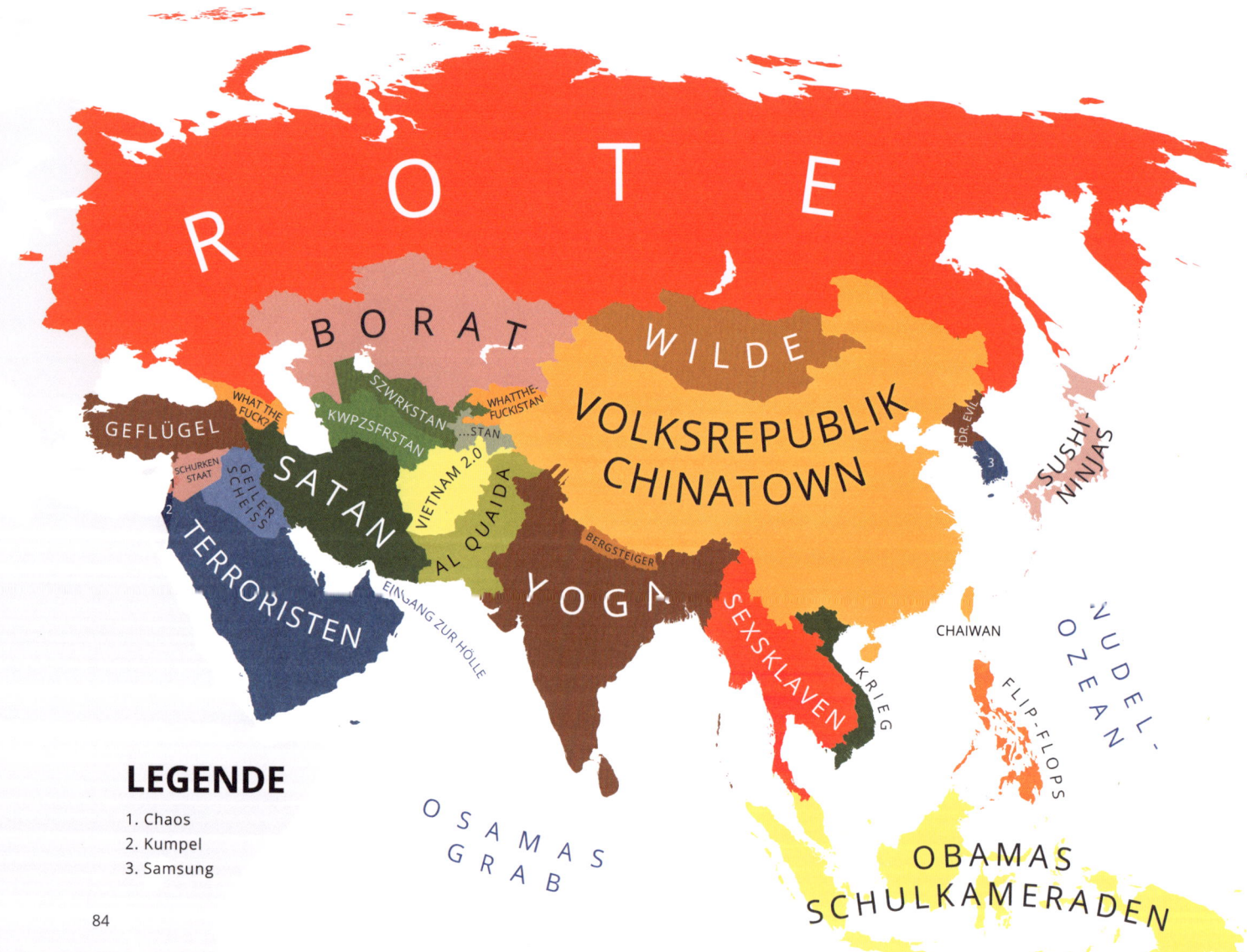

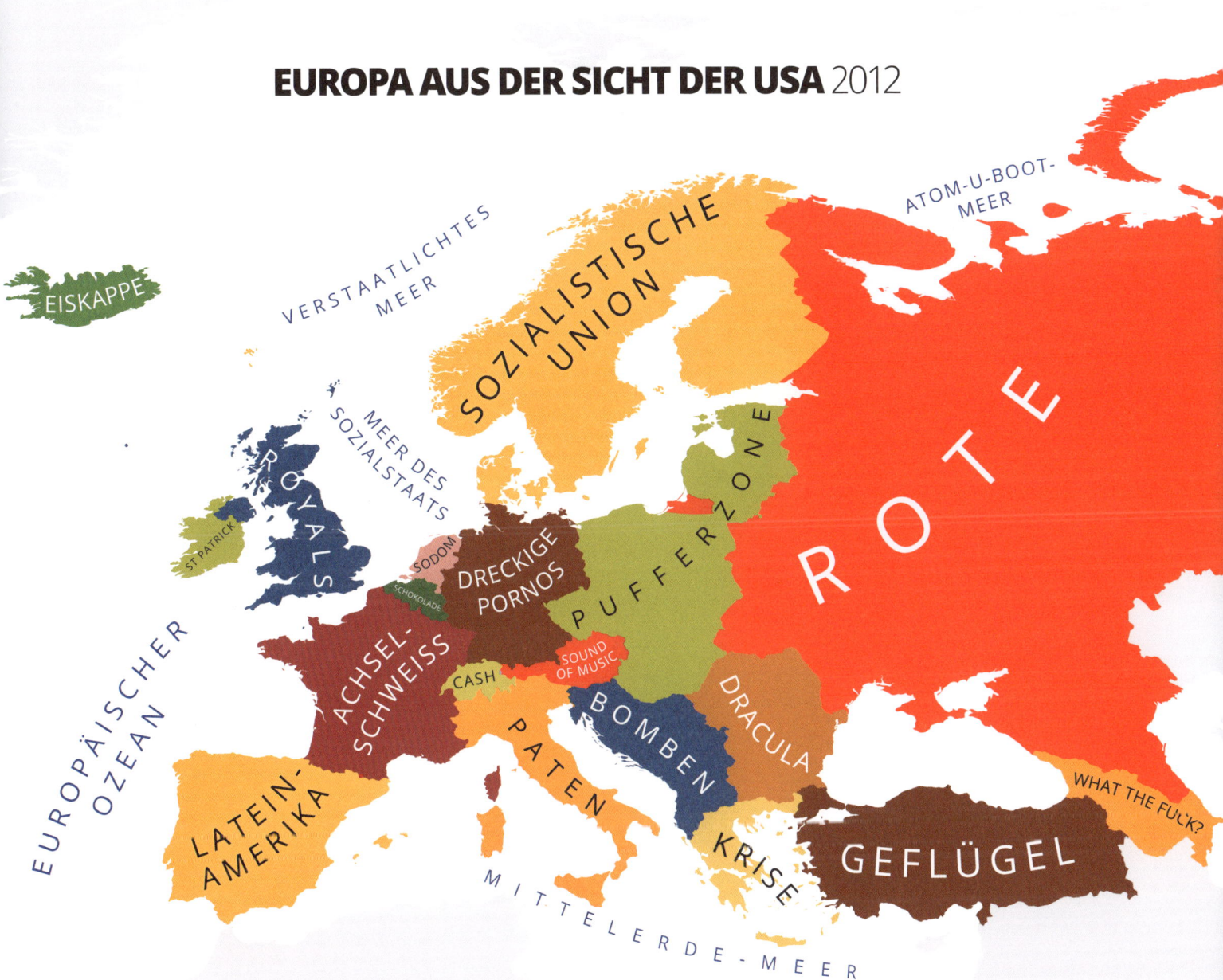

SÜDAMERIKA AUS DER SICHT DER USA 2012

OZEANIEN AUS DER SICHT DER USA 2012

NUDEL-OZEAN

OSAMAS GRAB

KÄNGURU-REITER

KROKO-MEER

CARTOON-INSEL

AUENLAND

KONTINENTAL-USA AUS DER SICHT DES GESUNDEN MENSCHENVERSTANDS 2011

LEGENDE

1. Katholiken
2. Neu-Italien
3. Sardinenbüchsen
4. Verrückte Wissenschaftler
5. Statistiker
6. Franzosenimitate
7. Keine Steuern

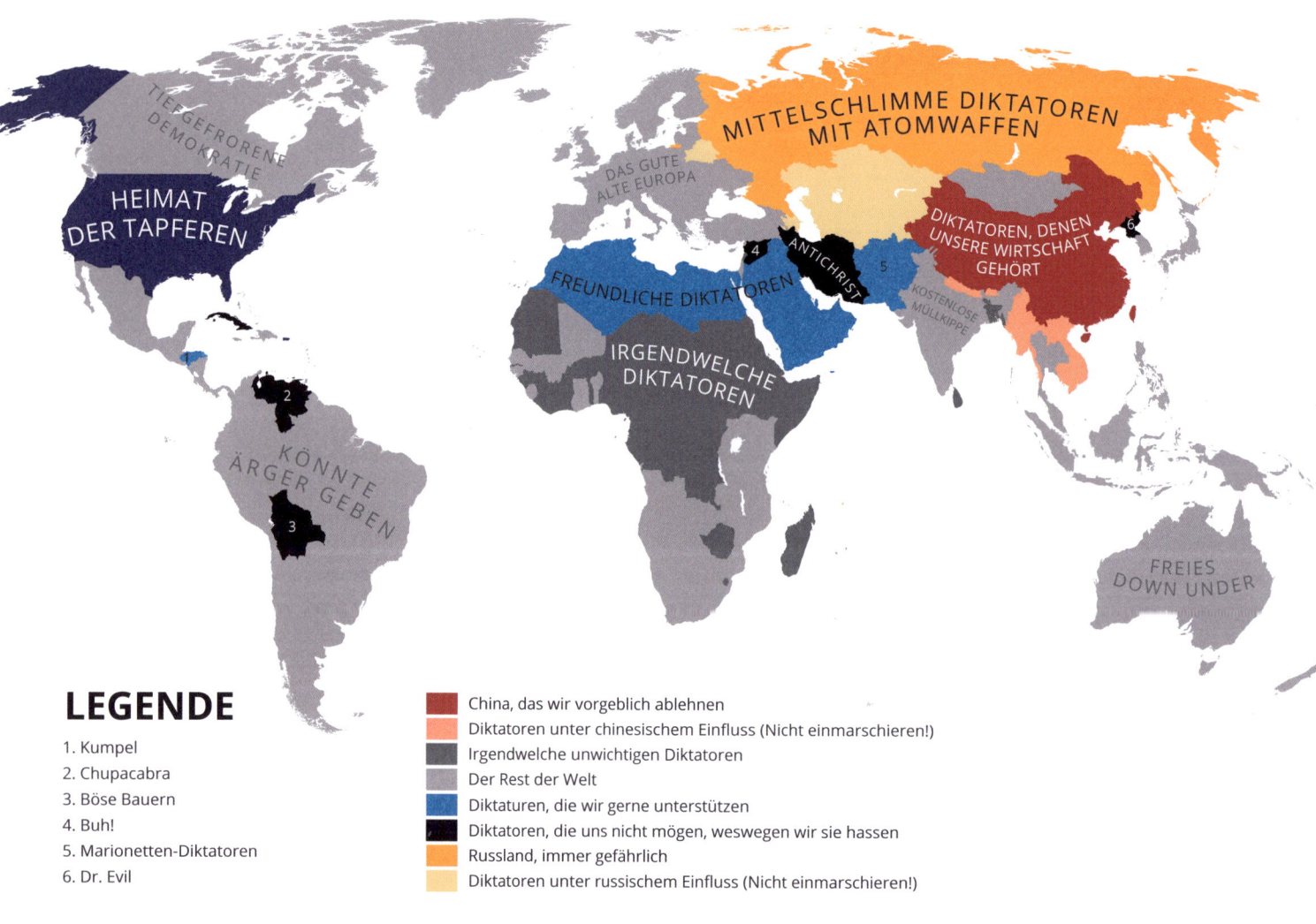

DIE WELT AUS DER SICHT VON DONALD TRUMP 2016

LEGENDE
1. Wolkenkratzerliebhaber
2. Leute, die keine Hotels bauen können
3. Donaldworld
4. Hotelpagen
5. Diamantringminen
   Trump Tower

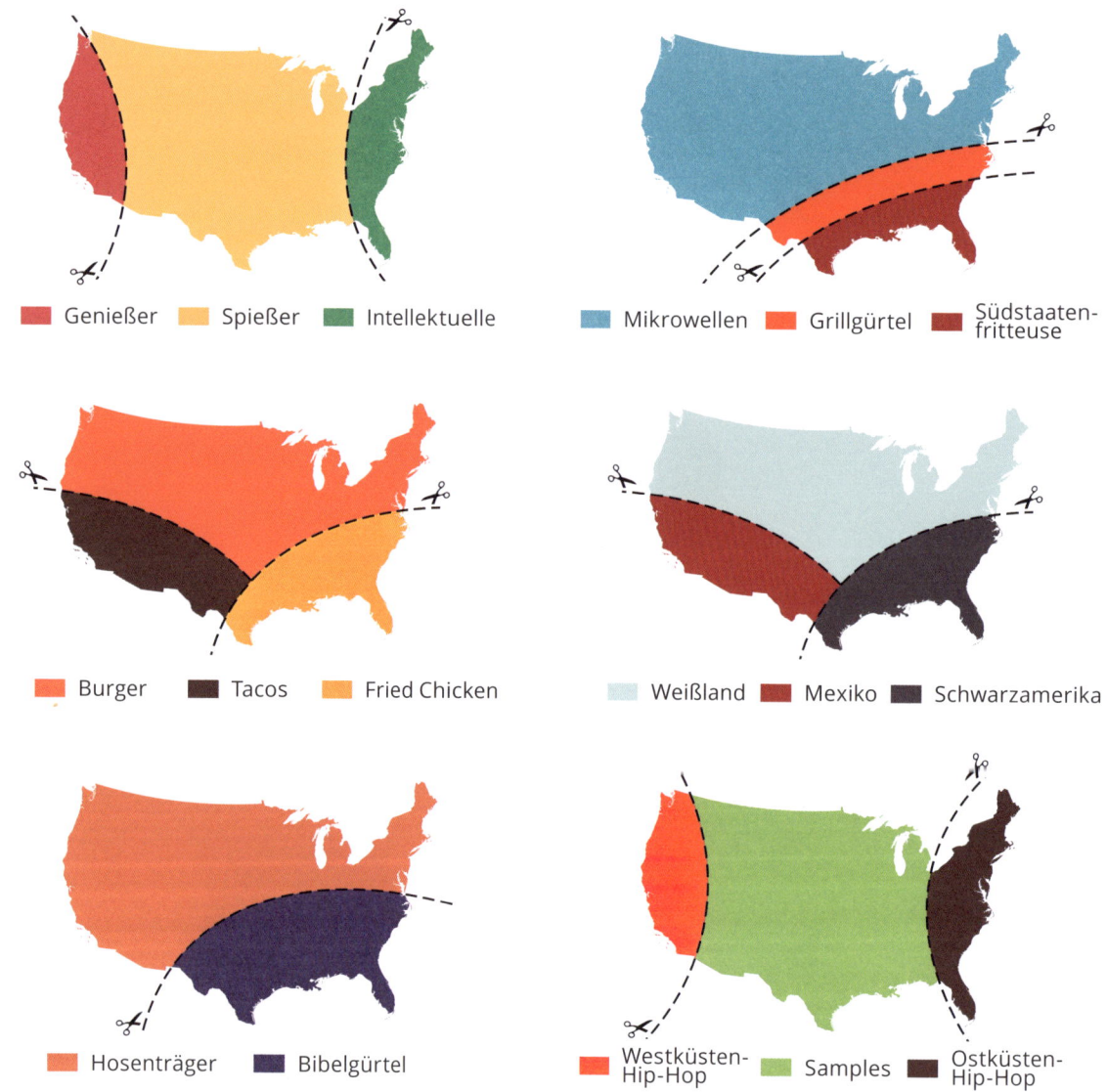

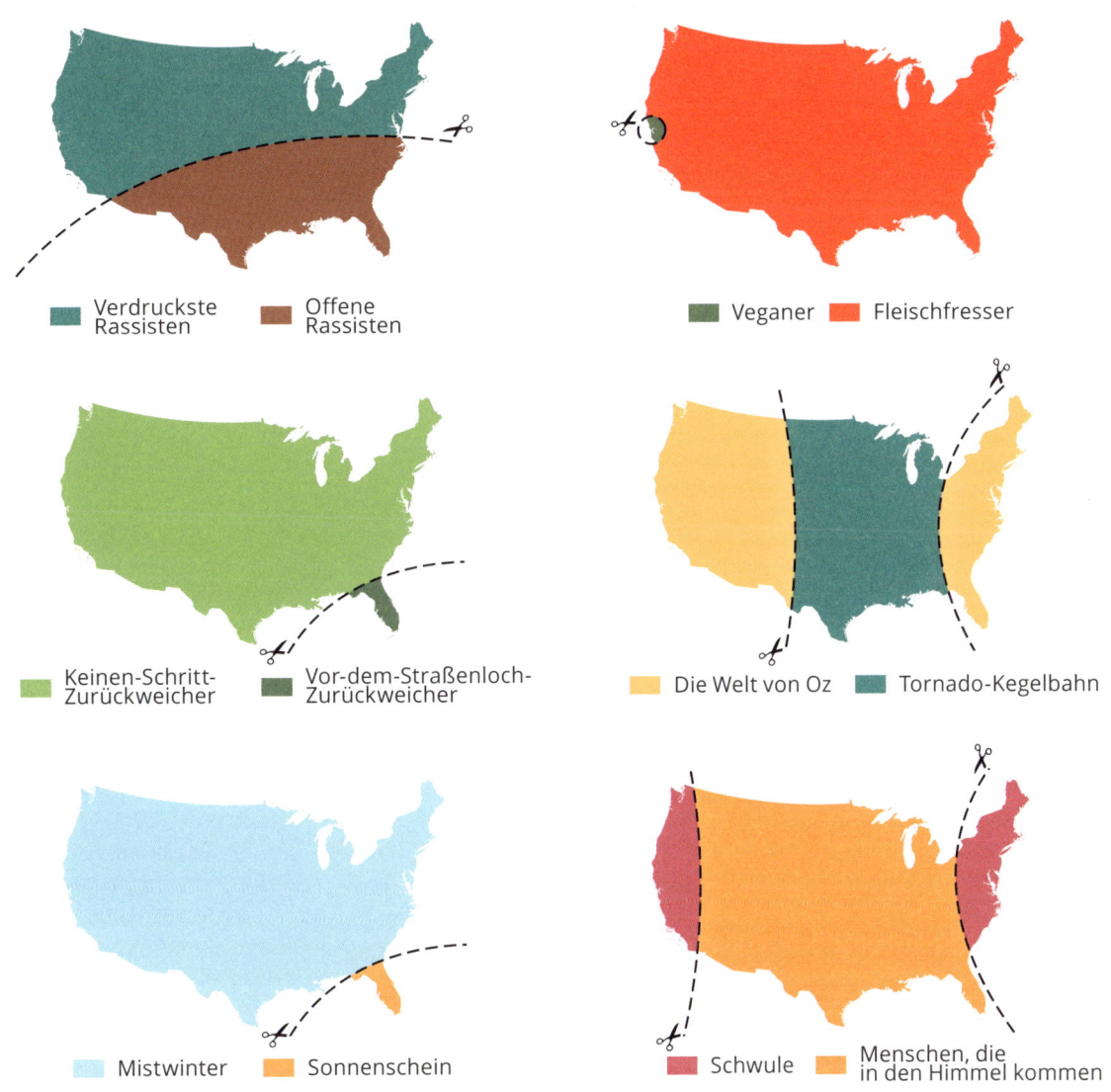

Die lateinamerikanische Welt

Das Wort »Latein« bezog sich ursprünglich auf Menschen aus der Region Latium in Italien. Heutzutage bezeichnet es, vor allem außerhalb der Wissenschaft, normalerweise eine riesige Gruppe von Ländern, die sich auf einer ganz anderen Seite der Weltkugel befinden.

Lateinamerika ist eine Welt voller Gegensätze. Ein Großteil seiner Identität verdankt es den indigenen Zivilisationen, die vor der Ankunft der Europäer in Amerika lebten. Aber die systematische Vernichtung der einheimischen Kulturen durch die Kolonisatoren verwandelte dieses Erbe in ein nebensächliches Fossil. Nur wenige ursprüngliche Sprachen überlebten. Die meisten indigenen Religionen wurden vom römischen Katholizismus so vollständig ausgelöscht, dass der Kult der Eroberer heute, fast wie beim Begriff Latein, oft eher mit der Neuen Welt in Verbindung gebracht wird und nicht mehr mit seinem Ursprungsort. Im Vatikan regiert ein argentinischer Papst und genießt Privilegien, die einst ausschließlich den Europäern vorbehalten waren. Papst Franziskus kommt dem Popstar-Status so nahe wie nur wenige religiöse Führer. Gefährlich wird ihm in dieser Hinsicht allenfalls der Dalai-Lama. Franziskus hatte den Mut, in einer Rede vor dem Europäischen Parlament in Straßburg zu erklären, Europa sei eine »Großmutter und nicht mehr fruchtbar und lebendig«. Das ist vielleicht doch zu forsch für den Kopf einer Institution, die per definitionem fest in der Vergangenheit verankert ist. Aber es steht perfekt im Einklang mit dem politischen Denken auf der anderen Seite des Atlantiks. Viele Amerikaner, von US-Präsident Woodrow Wilson bis zum kubanischen Diktator Fidel Castro, bezeichneten den Alten Kontinent genüsslich als gelähmt und rückständig. Diese Beleidigung zahlt den Europäern die arrogante Überlegenheit, mit der sie die Bewohner der Neuen Welt behandeln, mit gleicher Münze heim.

Die Beschimpfungen von beiden Seiten geraten gelegentlich außer Kontrolle, vor allem wenn sie von politischen Amateuren wie Donald Trump oder Evo Morales stammen, deren Vorliebe für das Lächerliche berüchtigt ist. Mehr dem Mainstream verhaftete Politiker verwenden das Mittel des Verunglimpfens ebenfalls, aber sparsam, weil es der öffentlichen Meinung in wohldosierten Mengen nützliche Impulse geben kann. Europäer (und ihre weißen Nachkommen in den reichen USA) machen die Einwanderung aus ärmeren Nachbarstaaten gern für wirtschaftliche Stagnation verantwortlich. Wenn lateinamerikanische Spitzenpolitiker die Aufmerksamkeit von ihrer eigenen Inkompetenz ablenken wollen, sprechen sie über imperialistische Kräfte von außen, deren Ziel es sei, die Macht der alten Kolonialherren in Lateinamerika wiederherzustellen. Wer kümmert sich um solche Kleinigkeiten wie Korruption, wenn die Schafe auf den Falklandinseln immer noch unter skandalöser britischer Unterdrückung leiden? Wer würde einen dafür zur Verantwortung ziehen, dass die eigenen Leute als Folge einer rückständigen Wirtschaftspolitik verhungern, wenn man die Vereinigten Staaten als Urheber dieses Übels ausmacht? Solche Schuldzuschreibungen wirken Wunder, weil sie im kollektiven Bewusstsein wie auf Knopfdruck einen Zustand auslösen, in dem Widersprüche überhaupt nicht ins Gewicht fallen, solange ganz offensichtlich von außen Gefahr droht.

Die meisten Länder Lateinamerikas haben es schon vor mehr als zwei Jahrhunderten geschafft, die koloniale Fremdherrschaft abzuschütteln, und damit früher als viele moderne europäische Staaten, vor allem im Osten des Alten Kontinents. Ihre tatsächliche Gleichberechtigung wird jedoch erst dann verwirklicht sein, wenn die Erinnerung an europäische Gräueltaten nicht mehr als Instrument zynischer Panikmache benutzt wird.

SÜDAMERIKA AUS DER SICHT VON ARGENTINIEN 2016

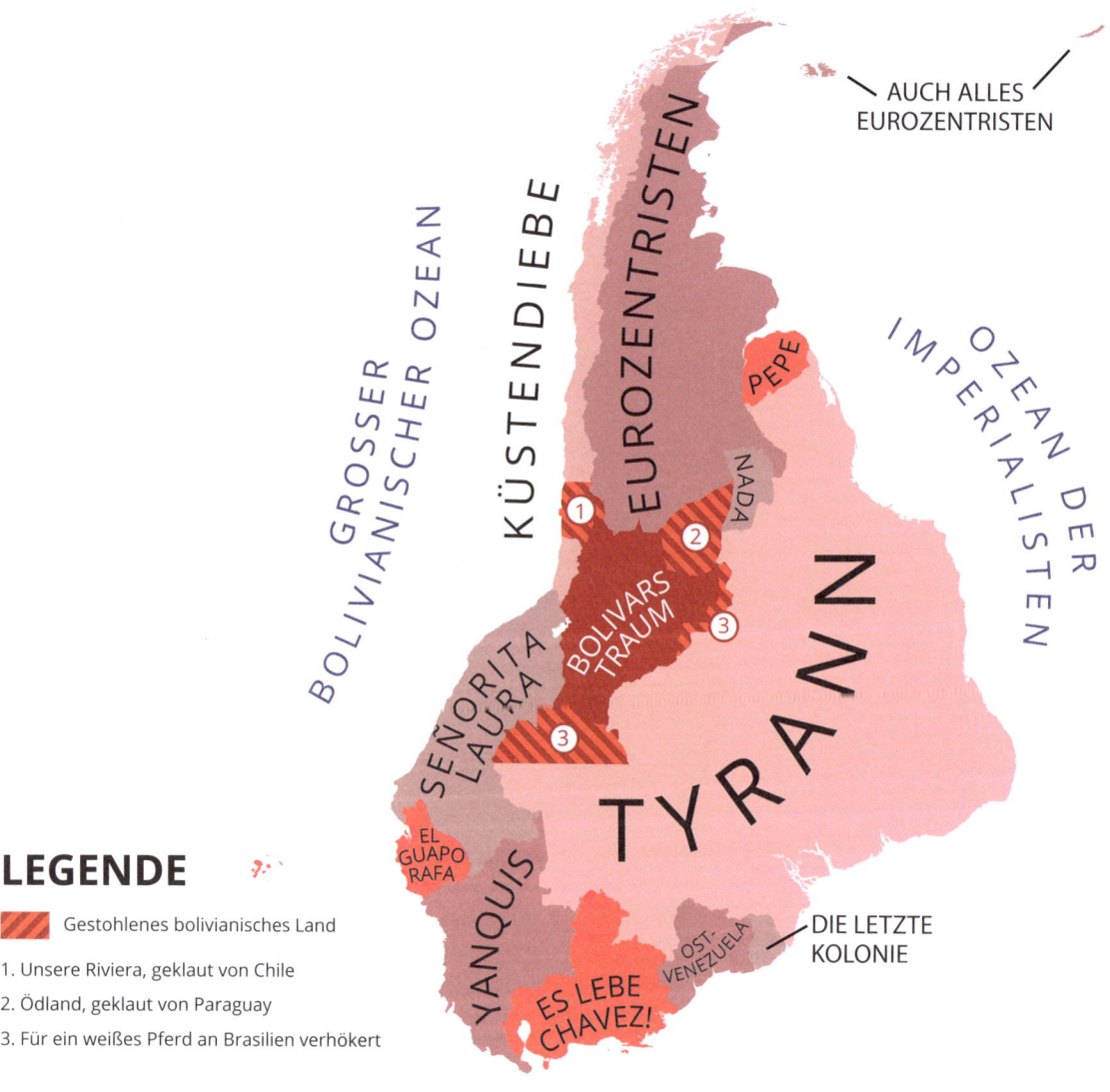

SÜDAMERIKA AUS DER SICHT VON BRASILIEN 2016

EUROPA AUS DER SICHT VON LATEINAMERIKA 2012

Ostwest

Die Grenze zwischen westlicher und östlicher Zivilisation ist porös, und wo sie genau verläuft, ist nicht absolut präzise zu definieren. Allerdings ist die enorme ideologische Kluft zwischen ihnen deutlich spürbar. Der Westen mit seinem hedonistischen Konsumismus ist obsessiv individualistisch. Der Osten, wo Individualismus bestenfalls als Wahnvorstellung und schlimmstenfalls als Todsünde betrachtet wird, ist entschieden kollektivistisch. Vielleicht konnte der Kommunismus, eine Ideologie, die in Europa als allergische Reaktion auf die Auswüchse der Industriellen Revolution auftrat, deshalb vor allem im Osten gedeihen und sich im 20. Jahrhundert dort blitzschnell ausbreiten. Heute befinden sich fünf der sechs offiziell kommunistischen Länder der Welt in Asien. Der Gedanke, dass die Gesamtgesellschaft wichtiger ist als ihre menschlichen Einzelteile, ist das Credo von Stalinisten und Maoisten und eben auch von Konfuzianisten.

Nordkorea, die letzte Hochburg des strikten, orthodoxen Kommunismus, ist ein Paradebeispiel. Ausgestattet mit einem ewigen Präsidenten, der sowohl während seiner Regentschaft als auch nach seinem Tod als Gott verehrt wird, ist der Staat ein in der modernen Welt einzigartiges Beispiel für eine dystopische Theokratie. Westler halten Nordkorea für einen exotischen Unfall der Menschheitsgeschichte, ein Laborexperiment, das leider schiefging. Aber aus Sicht des Fernen Ostens stellt sich die Sache anders dar. Man mag die Nordkoreaner auch dort ziemlich seltsam und hoffnungslos stur finden, aber die politische Struktur des Staates selbst gibt weniger Anlass zum Stirnrunzeln. Schließlich galten die japanischen Kaiser bis zum Ende des Zweiten Weltkriegs als Götter. Zum Vergleich: Ein westlicher Herrscher, der es wagte, sich als wahrhaftiger Gott zu bezeichnen, wurde mit dreiundzwanzig Stichwunden versehen und verblutete laut dem ersten Obduktionsbericht der Weltgeschichte auf den Fliesen des römischen Senats. Er hieß Julius Cäsar, und der Vorfall ereignete sich am 15. März 44 v. Chr. Von da an betonten europäische absolute Monarchen und Diktatoren besonders nachdrücklich, dass ihre Herrschaft von einer höheren Macht legitimiert sei. Diese musste so abstrakt sein, dass ihre individualistischen Konkurrenten von ihrem Drang zur Umstürzlerei abgebracht wurden. Das östliche Denken hält solch einen starren Dualismus für reduktionistisch. Herrscher gelten als folgerichtige Verkörperung ihrer jeweiligen Gesellschaft. Sie werden überhaupt nicht als unabhängige Individuen wahrgenommen, und unter solchen Umständen ist Göttlichkeit keine Laune, sondern eine Einstellungsvoraussetzung. Im Osten gibt es keine Vorstellung von der Erbsünde, keine Vorstellung von einem Exil im Sinne des Alten Testaments und keine Vorstellung von ererbter Schuld – alles wesentliche Bestandteile der Neurosen, die das politische und geistige Europa über Jahrhunderte hinweg geprägt haben. Vielmehr sei die ganze Welt eine Manifestation des Göttlichen, und jeder natürliche Vorgang Ausdruck seiner unerschöpflichen Eigenschaften. Vor diesem Hintergrund ist der Mensch nur ein Rädchen in einer viel größeren, großartigen Maschine, und seine Hauptaufgabe ist es, die Dinge am Laufen zu halten und nicht aufzufallen, oder zu versuchen, selbst zu dieser großen Maschine zu werden. Missverständnisse zwischen Ost und West entstehen meist dann, wenn jemand diese tiefgreifenden Unterschiede nicht begreift. Beide Welten betrachten ihre eigene Sicht als allgemeingültig und belächeln die andere. Wer voller Vorurteile auf den Westen schaut, wird ihn nur allzu leicht als zynisch und materialistisch wahrnehmen, während der Osten wegen seiner Gängel-Institutionen verurteilt wird, die die Menschenrechte unterdrücken. Jede Seite träumt von dem Tag, an dem ihre Werte auf der ganzen Welt triumphieren werden.

Das Fehlen einer klar definierten Grenze zwischen Ost und West trägt zur Verwirrung bei. Russland mit seiner riesigen Landmasse diente immer wieder als Puffer und verhinderte den direkten Zusammenprall europäischer und asiatischer Ideologien. Es saß lange zwischen allen Stühlen, zwischen östlicher Unterdrückerlust und westlichem Kulturdünkel, bis die Zentralisierung im 18. Jahrhundert allmählich der Entwicklung zur vollwertigen Supermacht den Weg ebnete. Diese politische Emanzipation hat auf die Mentalität aber keine Auswirkungen gehabt. Die östlichen Nachbarn, obwohl stark geschwächt, galten noch immer als militärische Bedrohung, sodass das Russische Reich seine Grenzen immer weiter nach außen vorschob und jedes neu eroberte Grundstück den Erwerb der unmittelbaren Nachbarschaft nach sich ziehen musste. Die Wahnvorstellung eines schwachen, wehrlosen, unterdrückten Großfürstentums Moskau, aus dem das Russland der Zaren hervorging, durchwucherte die Albträume späterer absoluter Herrscher. Selbst während der Höhepunkte seiner europäischen Macht, nach den Napoleonischen Kriegen und nach dem Triumph über das Dritte Reich ein Jahrhundert später, hörte Russland nie auf, sich von seinen Nachbarn bedroht zu fühlen, und seine Nachbarn hörten nie auf zu versuchen, es ideologisch zu beeinflussen. Der Zusammenbruch der Sowjetunion weckte die Hoffnung, dass Russland endlich den Weg der vollständigen Verwestlichung einschlagen würde, aber nur wenige Historiker trauten sich zu begründen, warum eine solche Entwicklung sinnvoll oder folgerichtig wäre. Die politische Dynamik des frühen 21. Jahrhunderts machte allen klar, dass Russland kein Anhängsel Europas sein will. Enttäuscht über die Ablehnung seiner sorgsam gepflegten Werte, erweckte der Westen die üblichen Propaganda-Klischees aus der Zeit des Krimkriegs zu neuem Leben. Demnach ist Russland ein fast noch primitives, rachsüchtiges Reich, seine herrschende Klasse ist hoffnungslos dekadent und seine Bevölkerung chronisch leichtgläubig. Wie jede allzu einfache Erklärung ist sie allerdings eher eine Beschreibung der Menschen, die sie für wahr halten.

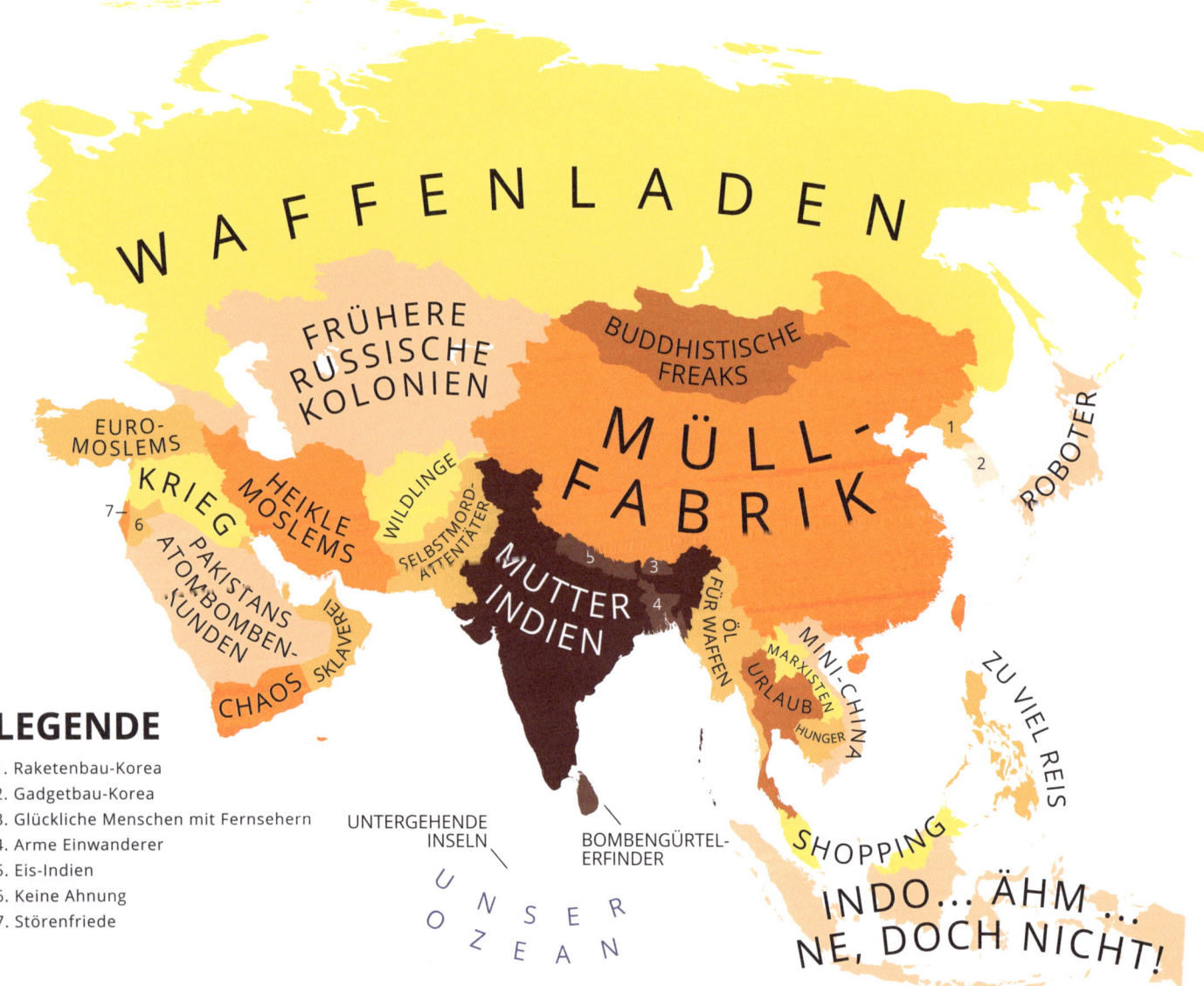

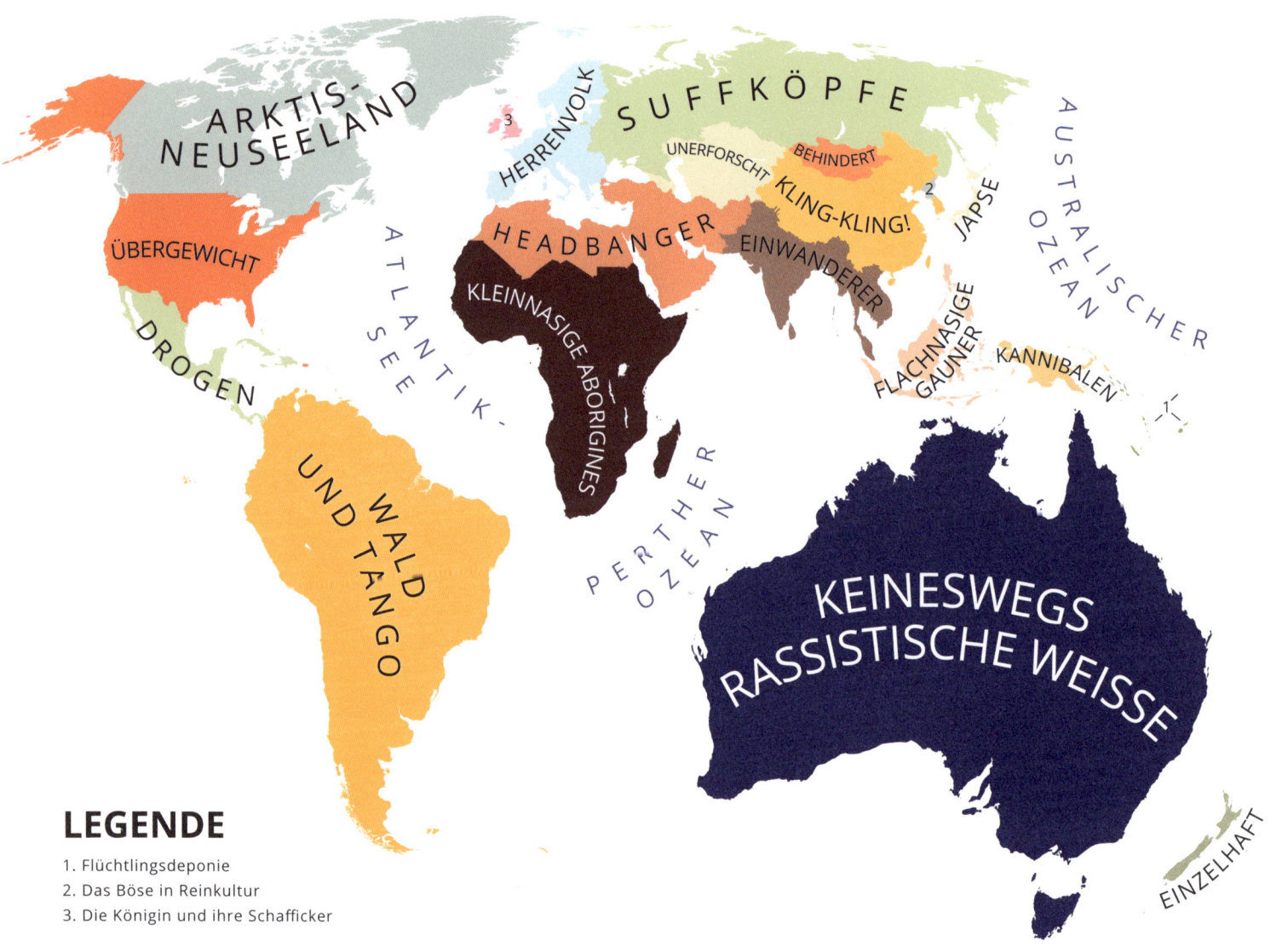

Russland, vom Westen aus betrachtet

Man kann die ganze Welt durchkämmen, Kontinent für Kontinent, aber man wird keinen Ort finden, der vom Westen so sehr missverstanden wird wie Russland. Zugegeben, es gibt Regionen und Kulturen auf diesem Planeten, die ihm viel weniger vertraut sind. Wie viele Westler versuchen schon, die Komplexität des chinesischen politischen Systems oder die Unterschiede zwischen saudischen Wahhabiten und iranischen Zwölfern zu verstehen? Dagegen hat von San Francisco bis Danzig jeder eine Meinung über Russland, und diese Meinung wird gewöhnlich in Stein gemeißelt und von Generation zu Generation weitergegeben wie ein geheimes Coca-Cola-Rezept.

Russland kommt einem bekannt vor. Geografisch nimmt es ein Drittel des europäischen Kontinents ein. Kulturell konsolidierte es sich als Ableger des orthodoxen Christentums, und nach dem Fall Konstantinopels erklärte es sich zum rechtmäßigen Nachfolger von Byzanz (besser bekannt als der agile Teil des Römischen Reiches, der bis zum Ende des Mittelalters überlebte).

Russland wirkt exotisch. Obwohl sein europäischer Teil riesig groß ist, macht er nur 30 Prozent des gesamten Landes aus. Der asiatische Teil ist viel größer und mysteriöser und für die meisten Westler im wahrsten Sinne des Wortes unzugänglich. Diese sind von der modernen Tourismusindustrie und ihren blitzblanken Ferienanlagen zu sehr verwöhnt, als dass sie in die unberührte Wildnis abgelegener Regionen wie Sibirien eintauchen wollten. Und trotz allem, was man vielleicht gehört hat, bezeichnet sich weniger als die Hälfte der russischen Bevölkerung als christlich-orthodox, und ein noch kleinerer Teil geht regelmäßig in den Gottesdienst.

Es ist der Widerspruch zwischen Vertrautheit und Exotismus, der die westliche Russland-Wahrnehmung verzerrt. Der Eindruck der Vertrautheit verstärkt die Annahme, dass die russische Kultur nach Herkunft und Zielen westlich ist. Daher wird die Weigerung der Russen, Knigges politische Tischmanieren zu verinnerlichen, als kindischer Wutanfall abgetan. Im Gegensatz zu außereuropäischen Staaten wie China wird Russland selten so akzeptiert, wie es ist. In westlichen Augen ist es ein Staat in einem wirren, endlosen Übergang, und zwar vom Schlechten zum Schlechteren. Russische Zaren seien autokratisch gewesen, weil sie es sein wollten, russische Kommunisten hätten von Natur aus an Verfolgungswahn gelitten, und heute könne sich Wladimir Putin nur an der Macht halten, weil das russische Volk nicht merkt, wie es manipuliert wird. Diese Klischees zeugen von kurzsichtiger Naivität und Herablassung, nicht von echter Sorge. Und Naivität wird in der Politik oft bestraft. Karl XII., Napoleon und Hitler können ein Lied davon singen.

RUSSLAND AUS DER SICHT DES WESTENS 2015

Die arabische Trilogie

Können Sie sich noch daran erinnern, wie das war, als Tunesien und Ägypten 2011 den Arabischen Frühling auslösten? Wir nannten es eine Facebook-Revolution. Mit ihr sollte eine schöne neue Welt beginnen, in der soziale Netzwerke zu einem wichtigen Bestandteil politischer Entscheidungsfindung wurden. Man meinte, dass das Internet endlich für allgemeine Gleichheit sorgen werde, wie wir es uns immer gewünscht hatten: In weniger als einem Jahrzehnt würde es Twitter und Facebook gelungen sein, unsere liberalen Werte von Saudi-Arabien bis China zu verbreiten. Diktaturen auf der ganzen Welt seien zum Scheitern verurteilt, weil junge Menschen endlich zusammenkommen und bereit sind zu kämpfen – für Meinungsfreiheit, für Gleichberechtigung der Geschlechter und für das Recht, ein iPhone zu besitzen.

Sogar John McCain schloss sich dieser Ansicht an. Zuerst beschrieb er die Revolutionen zwar als gefährliches Virus, das die Stabilität der Region untergrabe. Doch dann bekehrte er sich und klang plötzlich ganz anders. Es war ein Virus, okay, aber es bedrohte nicht die Stabilität am Mittelmeer, sondern die von Peking und Moskau. Wir schauten auf die arabische Welt und sahen, wie ein weiterer Eiserner Vorhang fiel, und unsere zu Tränen gerührten Augen berauschten sich an den Live-Übertragungen vom Tahrir-Platz. Tunis war das neue Danzig. Kairo war das neue Bukarest. Bald würde die Gaza-Mauer unter dem Gewicht wiedervereinigter palästinensischer Familien zusammenbrechen, die ihre Freiheit feierten. Netanjahu würde machtlos und schamesrot dabeistehen. Sogar China würde erfasst werden! Es war nur eine Frage der Zeit, bis die Kommunistische Partei dort endlich erkannte, dass sie keine andere Wahl hatte, als die Werte des Silicon Valley zu akzeptieren. Fünf Jahre später: Russland schnappt sich die Krim schneller, als Daenerys Targaryen Meereen besetzt. Die Ukraine wird zum ersten Schauplatz der hektisch wiederbelebten Prinzipien der Realpolitik. China zieht die Zügel nicht nur im Inland an, es erschafft völlig neues Land in internationalen Gewässern. Und die arabische Welt? Sie fällt zurück in das Drecksloch der Stammesfehden. Diejenigen unter uns, die der Meinung waren, dass die Hinrichtung von Saddam Hussein ein geschmackloses Debakel war, waren noch weniger geneigt, sich mit der geschändeten Leiche von Muammar al-Gaddafi zu beschäftigen, der von genau den Schlägern getötet wurde, die wir als Facebook-Freiheitskämpfer verklärt hatten. Aber die Zeit, unser gesamtes Popcorn zu erbrechen, kam schließlich, als einer der Führer der syrischen Opposition, die wir aus vollem Herzen unterstützten, im Fernsehen gezeigt wurde, wie er ... ein ganzes menschliches Herz aß.

Wir ahnten nicht, dass dies nur die Ouvertüre zu einem Blockbuster-Horrorfilm war. Plötzlich hatte eine Junta von Terroristen, deren Abkürzung den Namen einer alten ägyptischen Göttin in den Schmutz zog, die Hälfte des frisch demokratisierten Irak im Sturm erobert und in ein postmodernes Kalifat verwandelt. Bald darauf breitete sich ihr Einfluss westwärts aus, nach Syrien, und ihre Tentakel metastasierten quer über die Landkarte wie ein ideologischer Krebs im Körper eines Staates, dessen Immunsystem von ethnischer, religiöser und politischer Zerstrittenheit außer Gefecht gesetzt worden war. Syrien verwandelte sich vom unbedeutenden Außenposten des vielversprechenden Arabischen Frühlings in ein apokalyptisches Schlachtfeld, auf dem jede aktuelle oder zukünftige Weltmacht einen eigenen Stellvertreterkrieg führte. Das Chaos löste die größte Flüchtlingswelle seit dem Zweiten Weltkrieg aus. Weil ihre großzügigen ölreichen Glaubensbrüder sie nicht unbedingt auf ihrem eigenen Boden willkommen heißen wollten, stürzten sich die syrischen Flüchtlinge in das nächstbeste Paradies,

das christliche Europa. Wir starrten ungläubig auf Berichte, die sie auf überladenen Booten zeigten, zusammengepfercht wie Vieh. Ihre Irrationalität hat uns nur deshalb schockiert, weil wir uns das Ungeheuere, vor dem sie flohen, nicht vorstellen konnten. Bis dann der leblose Körper eines syrischen Jungen namens Aylan Kurdi uns daran erinnerte, dass das Politische immer persönlich ist, jedenfalls solange es eine Kamera einfängt und wir es auf Facebook herumreichen können. Erst dann konnten wir nicht mehr so tun, als ob wir es nicht sähen. Angela Merkel hatte sich schon im Sommer desselben Jahres dazu verstiegen, einem weinenden palästinensischen Mädchen mitzuteilen, dass es möglicherweise mit einer Abschiebung in den Libanon rechnen muss, weil Deutschland nicht jedem Flüchtling helfen kann. Nachdem Aylans Bild viral wurde, warf die Kanzlerin die ganze Politik über den Haufen und öffnete die Tore. Die Botschaft war klar: Refugees welcome! Leider (oder, langfristig gesehen, vielleicht auch zum Glück) grenzt Deutschland nicht an Syrien. Die Flüchtlinge mussten eine Reihe europäischer Staaten durchqueren, deren Werte dem eilig wiederbelebten deutschen Multikulturalismus diametral entgegenstanden. Dies führte zum Vorwurf des »moralischen Imperialismus«, wie es Viktor Orbán, der Oberbefehlsphilosoph des fremdenfeindlichen Ostens, formulierte. Die Deutschen konnten es kaum fassen, dass ungarische Grenzer Wasserwerfer gegen Flüchtlinge einsetzten, während die tschechischen Polizisten deren Haut lässig mit Tinte markierten. Als der Terror am 13. November zum zweiten Mal innerhalb eines Jahres Paris traf, schloss sich der fremdenfeindliche Westen dem osteuropäischen Chor an und gab den Flüchtlingen die Schuld. Während Frankreich um seine Toten trauerte, rief Marine Le Pen ihre Anhänger so selbstbewusst wie lange nicht an die Wahlurne und verkündete den Anbruch eines neuen Zeitalters für Frankreich – als Land der verstiegenen Versprechungen, voller weißer Menschen und goldener Wasserhähne. Sie versprach den Massen genau das, was sie wollten: die gemütliche Abschottung in einer Welt, die so global ist, dass kein einziger Furz unbeantwortet bleibt. Dank der Barmherzigkeit des allmächtigen Gottes und einiger strategischer Friedensschlüsse innerhalb des französischen politischen Establishments scheiterte sie kläglich. Als das Jahr 2015 zu Ende ging, wedelten wir ungeduldig mit den Sektgläsern und hofften, den ganzen Mist hinter uns zu lassen. Dann gingen wir bedusselt und mit den üblichen Blähungen ins Bett und überlegten uns ein paar gute Vorsätze. Als wir am nächsten Tag aufwachten, mussten wir feststellen, dass es in Köln eine Massenvergewaltigung gegeben hatte. Die Mehrheit der Täter waren Menschen arabischer und nordafrikanischer Abstammung. Einige von ihnen kamen nach Europa, weil sie vor der Gewalt in ihren Heimatländern geflohen waren. Und einige von ihnen brachten, vielleicht wirklich ohne es zu merken, einen Teil dieser Gewalt mit. Heimat ist da, wo der Verstand sitzt.

Europa und Arabien existieren seit Jahrtausenden nebeneinander, doch selten waren sie einander so nah. Hoffen wir, dass sie sich endlich so sehen, wie sie wirklich sind. Denn wir wissen, was passiert, wenn sie nur das sehen, was sie sehen wollen.

ARABISCHER WINTER 2012

- EUTOPIA
- KOPFTUCH-DEMOKRATIE
- DROHNENFALLE
- Parkplatz
- COUSCOUS-KÖNIGREICH
- ISLAMISTISCHE DEMOKRATIE
- GADDAFIS SAMENBANK
- STAMMES-DEMOKRATIE
- MILITÄR-DEMOKRATIE
- MAULTIERE
- IN PANIK PARANOIDE STAATSMÄNNER
- PAZIFISTEN
- VERPFUSCHTE DEMOKRATIE
- ZENTRALBANK DER TERRORISTEN
- HMM!
- SNOBS
- IMMER NOCH RUHIG
- US-DROHNEN-VERSUCHSGEBIET

113

DER SYRISCHE EXODUS 2016

- **SCHLAMPEN** (Silvesterparty)
- **FREMDENFEINDLICHER KEUSCHHEITSGÜRTEL**
- **RUSSISCH-EUROPA**
- **ASSADS LIEBHABER**
- **PAKETENMEER**
- **FLÜCHTLINGSSIEB**
- **TRAMPOLIN**
- **MEER DER HINFAHRT**
- **ERDOGANS KHANAT**
- **ASSADS KINDERMÄDCHEN**
- **MÖCHTEGERN-EUROPÄER**
- **PSEUDO-ARABER**
- **WEIT WEG UND WINDIG**
- **NOCH EINE ISLAMISTISCHE UTOPIE** (Sponsoren: EU und USA)
- Libysches Palmyra
- **MUBARAK RELOADED**
- CAMPINGPLATZ
- IBLISANBETER KUMPEL
- **TOD**
- ZU VOLL
- **ISLAMISTISCHE UTOPIE** (Sponsor: USA)
- **FESTUNG ARABIEN**

114

Mittelerde

Wie kann eine Gruppe von Menschen die Religion einer anderen übernehmen und deswegen ihr Feind werden? Diese Frage kann wohl nur ein Neurowissenschaftler beantworten. Ich möchte den Blick auf das unglaubliche Faktum lenken, dass dies in der Menschheitsgeschichte unentwegt geschieht. Angenommen, man wäre Lady-Gaga-Fan, und der Rest der Welt wüsste nichts von der Dame. Zufällig begegnete man auf der Straße jemand anderem, der ebenfalls ihr Fan ist. Was wäre wahrscheinlicher: dass man sich umarmt und tanzt, oder dass man sich gegenseitig ins Gesicht spuckt und die Köpfe einschlägt? Genau das kapiere ich nicht, wenn ich an den Nahen Osten denke. Ich weiß, dass da die Politik ein Wörtchen mitzureden hat. Ich weiß, dass es da Öl und Gewürze gibt, Schaschliks, Hummus, eingelegte Zitronen. Ich bin auf dem Laufenden. Aber ich weiß auch, dass die Christen sagen, die religiöse Lehre, die sie geborgt haben, sei im engeren Sinne gar nicht jüdisch. Und sie könnten recht haben, denn all dieser Jesus-und-Maria-Kram kommt mir ziemlich ägyptisch vor. Muslime würden wahrscheinlich auch sagen, dass die Lehre ursprünglich jüdisch war, dann aber total falsch ausgelegt wurde, bis ihr Prophet die richtige Interpretation ablieferte. Und man weiß ja: Ich pflichte dem lieber bei, denn sonst … Sogar die Juden werden die Stirn runzeln, wenn ich sie daran erinnere, wie viele Ideen sie von den Zoroastriern entlehnt haben. Und die Zoroastrier? Gibt es noch welche von denen? Wohl nicht, denn ich habe nichts davon gehört, dass in den letzten fünf Jahrhunderten irgendwer in ihrem Namen getötet wurde. Deswegen kann ich sie leider nicht als eine besonders aktive religiöse Bewegung ansehen. Mal im Ernst: Warum sollte sich all dieser heilige Kram auf geografischen Karten widerspiegeln? Das sind Geschichten, die etwas abstrakter (also heiliger) sind als der Boden der Tatsachen, auf dem man sich bewegt. Sie mögen einen ganz konkreten Sinn gehabt haben, aber die Zivilisationen, die sie geschaffen und erweitert haben, existierten zu sehr unterschiedlichen Zeiten. Für sie war Jerusalem tatsächlich das Zentrum der Welt, und das Land drum herum das wichtigste überhaupt. Heute kann nur ein Depp glauben, dass das Zentrum einer Kugel auf ihrer Oberfläche liegt. Wie es aussieht, ist das echte irdische Jerusalem so heiß wie die Oberfläche der Sonne, steht unter einem Druck von 350 Gigapascal und liegt 6000 Kilometer unter uns. Glaubt irgendjemand, dass Gott da unten zu finden ist? Herzlich willkommen!

DIE WELT AUS DER SICHT VON ISRAEL 2012

DIE WELT AUS DER SICHT VON ZYPERN 2009

Unsere Essstörung

Das Wort »gewöhnungsbedürftig« gibt es in vielen europäischen Sprachen. Es bezeichnet Lebensmittel und Speisen, deren Vorzüge wir aus einer Vielzahl von Gründen nicht gleich schätzen können. Sie zu genießen, müssen wir uns oft bewusst vornehmen. Wir müssen unsere Sinne auf einen bestimmten Geruch oder Geschmack einstellen. Man kann davon ausgehen, dass zumindest aus biologischer Sicht alle Geschmäcker ein Ergebnis der Gewöhnung sind, mit Ausnahme desjenigen der Muttermilch, zu der sich Babys von der Geburt an instinktiv hingezogen fühlen. Ironischerweise ist das der einzige Geschmack, der mit Nachdruck aufgegeben werden muss. Das ist ein wichtiger (und früher) Schritt im Prozess des Erwachsenwerdens.

Milch ist in der Natur vor allem als Nahrung für Babys gedacht, was auch bedeutet, dass sie als Nährstoffquelle für erwachsene Säugetiere nicht besonders geeignet ist. Die überwiegende Mehrheit der Tiere, die Milch produzieren, verlieren die Fähigkeit, sie zu verdauen, wenn sie ausgewachsen sind. Wie bei so vielem anderem haben die Menschen dieses »evolutionäre Verbot« durch Mutation und Anpassung ihres Verdauungssystems umgangen. Aber merkwürdigerweise meiden wir unsere eigene Milch und ziehen diejenige von einigen Haustieren vor, an die wir uns durch Zufall einfach gewöhnt haben. Eine lächerliche Folge dieses Prozesses ist es, dass wir, was jeder menschlichen Logik Hohn spricht, lieber an den Titten einer Kuh als an denen unserer eigenen Weibchen saugen würden. Um die Dinge borderlinemäßig grotesk zu machen, kann das Stillen in einigen puritanischen Kulturen wie der amerikanischen sogar ein Tabu sein und als skandalös empfunden werden, wenn es in der Öffentlichkeit praktiziert wird. Fragen Sie mal Barbara Walters! So verwirrend und unverständlich es auch sein mag, so ist das doch nur die Spitze eines riesigen kulinarischen Eisbergs. Was wir essen und genießen, hat mehr mit unserer unmittelbaren Umgebung, ihren kulturellen Hintergründen und geistigen Zielen zu tun als mit einfacher Biologie.

Nationalistische und rassistische Vorurteile gehen Hand in Hand mit kulinarischen und vermischen sich oft. Sich über ausländische Speisen lustig zu machen ist auf der ganzen Welt ein beliebter Zeitvertreib für Kleingeister. Das kommt gleich nach dem Sex und dem Tratschen. Aber auch wer sich als offen für Neues bezeichnet, kann gelegentlich irren, wenn er eine kulinarische Herausforderung bewerten soll. Nahrung wirkt wie die Sprache direkt auf unsere Identität ein. Geruch und Geschmack hinterlassen in unseren Köpfen ihre Spuren. Sie haben oft einen emotionalen Kontext und gehören untrennbar zu unseren Erinnerungen. Die Zubereitung von Nahrungsmitteln ist oft ein langwieriges und komplexes Ritual, von den Eltern an die Kinder weitergegeben in der tröstlichen Hoffnung, dadurch die Geister derer zu erhalten, die vor uns gelebt haben. Es gibt unzählige Legenden von sorgfältig gehüteten Geheimrezepten, die nur unter sehr nahen Verwandten ausgetauscht wurden, vorzugsweise auf dem Sterbebett, nachdem ein Priester bereits die Letzte Ölung gespendet hat.

Essen ist auch Teil unserer religiösen Erfahrung. Man könnte argumentieren, dass es ein zentraler Faktor unserer Mythologie ist. Die primitivsten Gesellschaften begannen ihre Kulte mit der Beobachtung und Nachahmung der Natur oder, genauer gesagt, desjenigen Teils der Natur, der eine unmittelbare Verbindung zu unserer Nahrung hatte. Die Jäger-und-Sammler-Gesellschaften entwickelten Tierkulte und komplexe menschliche Beziehungen zu Geistern, die in Höhlen und Wäldern wohnten. Die durch Ackerbau und Viehzucht gekennzeichneten Kulturen des Nahen Ostens

und die Indus-Kultur begannen mit der Anbetung der Pflanzenwelt, ein Spiel, das wir heute noch spielen, indem wir unsere Toten in der Erde vergraben, auf dass sie als sie selbst oder etwas anderes wiedergeboren werden. Alle großen Religionen der Welt haben strenge Regeln dafür entwickelt, was wann gegessen werden darf. Diese Regeln basieren nicht immer auf der Vernunft, sondern sind Teil unseres sozioökonomischen Gefüges. Gelegentlich können sie erstaunlich absurd sein, zum Beispiel klassifiziert die katholische Kirche Biber als Fisch. Diese ungute Entscheidung wurde vor vier Jahrhunderten gefällt, nachdem klar geworden war, dass die getauften Indianer um Quebec herum es nicht aufgeben würden, in der Fastenzeit Biberfleisch zu essen, auch nicht wegen ihrer neu entdeckten Liebe zu Jesus und seinem göttlichen *Menu du jour*. Deswegen hatte die Kirche sich entweder anzupassen oder musste Gefahr laufen, einer neuen Welle des Protestantismus, dieses Mal aus der Neuen Welt kommend, entgegenzugehen.

Essen kann auch eine unglaublich banale Sache sein. Wir stecken etwas in den Mund, wir verdauen es und scheißen es in die Toiletten. Alles, was wir daran besonders finden, existiert allein in unseren Köpfen. Unsere Gehirne sind die hungrigsten Teile unseres Körpers. Sie werden alles tun, um uns zu betrügen, damit wir sie mit Nährstoffen versorgen. Sie werden Signale aus den richtigen Neuronen feuern und uns mit Chemikalien vollpumpen, die uns sabbern lassen. Sie werden uns emotional erpressen mit eigenartigen Begriffen wie Nervennahrung oder Delikatessen. Die Erinnerung an diesen trivialen Aspekt ist essenziell für die Aufrechterhaltung einer gesunden Beziehung zu unserer Nahrung. Genau wie die Mythologie dient uns die Nahrung am besten, wenn wir uns des Unterschieds zwischen illusionärer Begeisterung und verschleierter Wahnvorstellung bewusst sind. Erstere bereichert unsere Erfahrung, letztere hingegen ist das Zeichen einer gestörten Balance.

Europäer sind in der Regel stolz auf ihre nationale Küche. Es ist eine Krankheit, unter der wir alle leiden. Auf ihrem Höhepunkt neigen wir zu der Annahme, dass alles, was es an ekelhaftem Essen in der Welt gibt, der Küche unseres Nachbarn entstammt. Das ist natürlich ein grobes Missverständnis. Wer richtig sucht, findet immer einen guten Grund zu erbrechen, unabhängig von dem Land, in dem er sich gerade aufhält. Der Kontinent ist übersät mit spektakulär verdächtigen Mahlzeiten: eine überraschende Vielfalt von vergorenem Fisch in Skandinavien, frittierte Pizza im traditionell ungesund lebenden Schottland, eine schöne Auswahl an Tierblut-Köstlichkeiten aus aller Herren Länder, verlockende und aromatische Eintöpfe und Suppen aus Innereien vom Balkan, sadistisch zerquetschte, unter Druck gekochte ganze Vögel im raffinierten Frankreich. Der Spitzenplatz ist für die italienische Insel Sardinien reserviert. Hier wird eine spezielle Art von Schafskäse von matschigen, halb durchsichtigen Insektenlarven befallen. Ein Vorgang, der Ihre Sinne in einer Weise kitzeln wird, die Sie nie vergessen dürften.

Natürlich ist auch das Gegenteil der Fall. Man kann herrliche Leckereien in jeder Küche der Alten Welt finden. Selbst Großbritannien, bespöttelt von allen Seiten, hat sein unwiderstehliches englisches Frühstück, das sogar Franzosen loben können, natürlich unter der Bedingung strikter Anonymität. Leider scheint leckeres Essen sich nicht für Satiren zu eignen. Haben Sie jemals versucht, sich über die Schwarzwälder Kirschtorte lustig zu machen? Dann mal los. Ich erwarte Ihren Bericht!

EUROPÄISCHE KÜCHEN-LANDKARTE AUS DER SICHT VON ITALIEN 2015

San-Umberto-Nobile-Linie

GIFTIG

ÄSTHETISCH GESCHMACKLOS

Kulinarische Verzweiflungslinie

TATSÄCHLICH GESCHMACKLOS

DICKMACHER

Wendekreis des Riesenkaffees

VORSICHT IST GEBOTEN

IN DER REGEL UNBEDENKLICH

ECHTES ESSEN

Verkochter-Nudel-Meridian

Schlemm-Kaffee-Meridian

 FAKE-PIZZA

FAKE-PASTA

Europäische Romanze

Die Europäer sind berüchtigt dafür, allerlei Erfindungen für sich zu reklamieren – von der athenischen Demokratie bis zur Klospülung. Aber es gibt eine, auf die sie besonders stolz sind: die romantische Liebe.

Für den Durchschnittseuropäer ist sie der ultimative Beitrag zur menschlichen Zivilisation, denn bevor die romantische Liebe im 13. Jahrhundert in den Geschichten der Troubadoure zelebriert wurde, war die Welt ein unwirtlicher Ort ohne Zärtlichkeit, wo die Eltern vieler Kinder Plünderung und Vergewaltigung hießen. Das ist nicht einfach eine sarkastische Bemerkung meinerseits – die meisten frühen europäischen Mythen weisen in genau diese Richtung.

Die Grundlagen der europäischen Zivilisation sind eng mit der Vergewaltigung verbunden. Erstens gibt es da diesen peinlichen Mythos, in dem die phönizische Prinzessin Europa von Zeus entführt wird. In Form eines Stieres lädt der Großolympionike sie sich auf den Rücken und schwimmt mit ihr bis nach Kreta. Dort legt Zeus sie auf eine schöne saftige Wiese und entjungfert sie. Offensichtlich unterscheiden sich olympische Manieren von den unseren so fundamental, dass er sich nicht einmal die Mühe machte, ihr einen Martini zu besorgen, mit dem sie den Jetlag bekämpfen könnte. Bill Cosby würde das sicher widerwärtig finden! An zweiter Stelle steht, jedenfalls im chronologischen Sinne, die Geschichte der Sabinerinnen, die von den frühen Römern auf ein paar Martinis eingeladen wurden, dann aber als Geiseln genommen und ordnungsgemäß befruchtet wurden, damit die römische Rasse der drohenden Ausrottung entgehen konnte. Und wenn Sie sich als moderne Leserinnen und Leser wundern, wieso die Römer statt Gewalt nicht ihren Charme eingesetzt haben, dann müssen Sie sich eben daran erinnern, dass das Konzept des betörenden Werbens damals noch nicht existierte. Frauen galten als sprechende Rinder, und niemand brauchte eine Erlaubnis, um eine Kuh zu melken, ob sie nun fließend Latein sprach oder nicht!

Das alles änderte sich nach dem 13. Jahrhundert, als ein paar Okzitanier (die eine Sprache sprachen, die von der Académie française offiziell als trashig eingestuft wurde) den Verstand verloren und begannen, Frauen in wohlklingenden Reimen und verstimmten Liebesliedern anzubeten. Plötzlich kam die Vergewaltigung aus der Mode, und die Frauen legten los mit ihrer lange angestauten Emanzipationsbewegung, die erst sieben Jahrhunderte später zur Vollendung kam, als nämlich Beyoncé *Lemonade* herausbrachte.

Europas großer Weiberheld

Die Franzosen hatten Napoleon, die Deutschen Bismarck, die Russen Stalin und die Juden Moses. Jede Nation hatte einen Führer, der zum Inbegriff ihrer Nation wurde – aber auch zum Symbol aller Stereotypen, die man ihr zuschreibt. Wenn es eine moderne Figur gibt, die alle Vorurteile gegen Italiener in sich vereint, dann ist es definitiv Silvio Berlusconi. Berlusconi ist die Personifikation einer politischen Kultur, die jahrzehntelang an einem gefährlichen Spagat zwischen Exzess und Vernunft herumlaborierte. »Per Definition, als Premierminister«, sagte er einmal, »kann ich kein Lügner sein.« Was klingt wie ein Echo der Unfehlbarkeitsansprüche römischer Päpste, hat er später sogar noch durch den Medici-inspirierten Satz überboten: »Wenn ich, indem ich die Interessen aller vertrete, auch meine eigenen wahre, kann man nicht von einem Interessenskonflikt sprechen.«

Dass er es geschafft hat, sich nach derartigen Entgleisungen an der Macht zu halten, sorgte bei vielen Menschen auf dem Kontinent für echtes Entsetzen. Als er des Fremdgehens beschuldigt wurde, verteidigte er sich mit dem flotten Spruch, es sei besser, schöne Frauen zu lieben, als schwul zu sein. Schließlich fragte ich einen schwulen italienischen Freund: »Warum befreit ihr euch nicht endlich von diesem Bajazzo?« Seine Antwort fiel knapp aus: »Das ist kompliziert.«

Es ist tatsächlich kompliziert. Italien hat in den letzten 60 Jahren mehr als 60 Regierungen erlebt. Silvio Berlusconi stand einigen von ihnen vor. Insgesamt dreimal war er Regierungschef. Seinen ersten Anlauf unternahm er 1994, acht Monate hielt er sich im Amt. Sein zweiter Versuch, der zwei aufeinanderfolgende Kabinette zustande brachte, begann 2001 und dauerte vier Jahre und elf Monate. Der dritte Versuch hievte ihn 2008 zurück ans Ruder des Staates, und zwar für drei Jahre und sechs Monate. Alles zusammengenommen hält er einen unangefochtenen Rekord von neun Jahren an der Macht. Im Vergleich zu anderen europäischen Politikern mag das nicht viel sein, aber im Kontext der chronischen Instabilität italienischer Nachkriegspolitik scheint diese Leistung heller als eine frisch explodierte Supernova. Vor diesem Hintergrund ist es leichter zu verstehen, weshalb er sich selbst als Jesus Christus der Politik sieht und für sich beansprucht, bis auf Napoleon alle übertroffen zu haben.

Ob er tatsächlich unter Größenwahn leidet oder einfach nur mit einem besonders verwegenen Sinn für Humor gesegnet ist, müssen seine Biografen und die Psychoanalytiker entscheiden. Eines ist sicher: Sein eindrucksvolles Draufgängertum wurzelt in irgendeiner Art von Realität. »Eine Menge wütender Italiener kritisieren ihn«, sagte mir einmal eine Frau, »aber das heißt nicht, dass sie in der Mehrheit sind. Die meisten von ihnen sind vermutlich Auswanderer, die außer Landes geflohen sind. Ich kann ihn nicht leiden, aber meine Großmutter und meine Tante mögen ihn und haben ihn gewählt. Es steht also zwei zu eins. Darum ist er an der Macht.«

Meiner bescheidenen Meinung nach ist das ein bisschen zu viel der Ehre für einen Mann, der die Schönheit italienischer Sekretärinnen als eines der wichtigsten Argumente ins Feld führte, um Investoren nach Italien zu locken. Streng tugendhaft, wie er selbst immer war, vergaß er hinzuzufügen, für welche Branche solche Vorteile von entscheidender Bedeutung sein könnten. Aber die Enthüllungen über seine Kontakte zu Edelprostituierten bestätigten viele Spekulationen. »Du verstehst das nicht«, sagte mir ein anderer italienischer Freund, nachdem ich mein komplettes Unverständnis zum Ausdruck gebracht hatte. »Genau deshalb ist er so beliebt. Die Allgemeinheit verehrt sein rüpeliges Machotum. Vor allem viele Frauen sind davon wie hypnotisiert.«

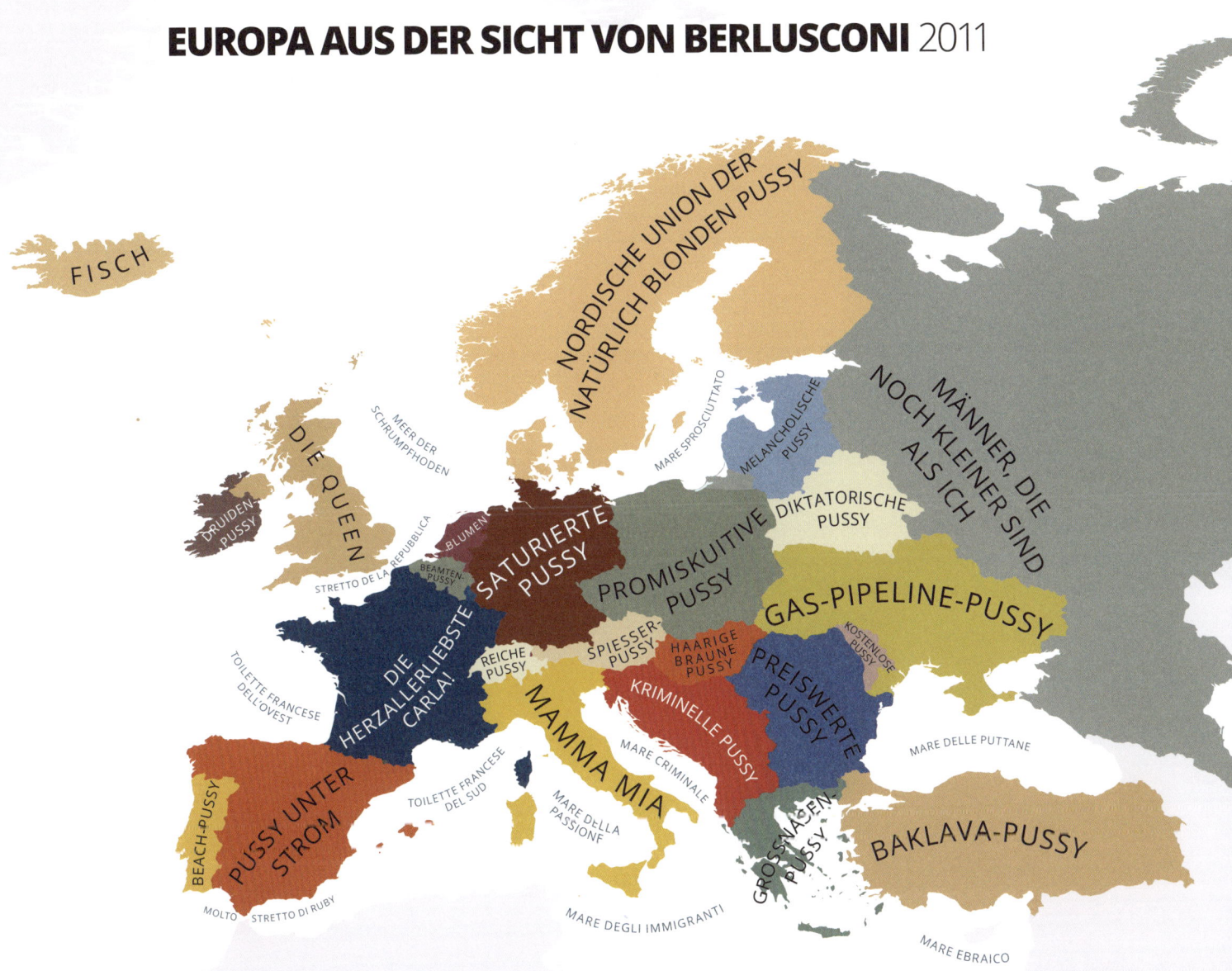

Ich hatte so was schon mal gehört. Ich wollte nur nicht glauben, dass es im 21. Jahrhundert noch passieren konnte. Traurigerweise bedienen sich viele Politiker ähnlicher Taktiken und bringen sie erfolgreich in Kulturen zum Einsatz, die uns noch ferner sind als Italien. Wladimir Putin als halb nackter Poster-Held ist das Gegenstück zu Berlusconis Sekretärinnen-Statement. In Bulgarien hat der derzeitige Premierminister bereits den Status eines Sexsymbols, das seinen James-Bond-Charme als Massenbeeinflussungswaffe einsetzt. Offenbar vollzieht sich an vielen Orten Europas ein Wandel: Man bewundert nicht mehr die Kraft des Geistes, sondern viel sinnlichere, quasi-mythische Gestalten. Man muss keine Ahnung davon haben, wie man die Finanzkrise in den Griff kriegen könnte. Wenn man nur so aussieht wie einer, der was vom Ficken versteht, hat man jetzt wahrscheinlich gute Chancen, Präsident zu werden.

Marine d'Arc

Die Nationalisten weltweit haben eines gemeinsam: Sie platzieren die Entstehung ihrer eigenen Nation in der langen und turbulenten Geschichte des Universums alle irgendwo zwischen der Singularität, die den Urknall auslöste, und der Entstehung des ersten Wasserstoffatoms.

Für Marine Le Pen ist Frankreich nicht nur eine Nation, sondern eine Naturgewalt, ähnlich wie der Elektromagnetismus oder die Schwerkraft. Wenn sie keine Politikerin wäre, würde sie höchstwahrscheinlich am CERN arbeiten, um Photonen zu zerschlagen, die Trümmer zu sichten und nach dem Elementarteilchen des Franzosentums zu suchen.

Marschall Pétain wäre bestimmt stolz auf sie, auch wenn er wohl erst mal verblüfft wäre, wenn er merkt, dass Frankreichs letzte Hoffnung eine Vagina hat. Die jüngste Vergangenheit war nicht besonders rücksichtsvoll im Umgang mit ultrakonservativen Traditionen, aber was soll's, es ist sicher nicht das erste Mal, dass Pétain von den aktuellen Umständen genötigt wird, realpolitisch zu handeln und sich für das kleinere Übel zu entscheiden. Allerdings ist es schon ziemlich lustig, dass das Schicksal der extremen Rechten heute in den Händen von Frauen liegt: Marine und ihre Nichte in Frankreich, Alessandra Mussolini in Italien ... Steckt dahinter vielleicht eine ausgeklügelte feministische Verschwörung?

Ich habe eine noch radikalere Theorie: Marine wurde im falschen Land geboren. Wäre sie Britin gewesen, wäre sie Margaret Thatchers Musterschülerin geworden. Abgesehen von all dem wirtschaftspolitischen Unsinn und dem überkandidelten Patriotismus wäre die Eiserne Lady fasziniert von den außenpolitischen Ambitionen ihrer Schülerin. Und die machen im französischen Kontext überhaupt keinen Sinn: Schließung der Grenzen, Austritt aus dem Euro, Einwanderungsstopp, Expansion der Frankophonie »auf dem Gebiet Asiens, Amerikas, Europas und Afrikas«. Aber sobald man begreift, dass Marine davon ausgeht, dass Frankreich geografisch gar nicht mit dem europäischen Festland verbunden ist, verwandelt sich das ganze Kauderwelsch, das man aus ihrem Mund hört, in eine brillante Vision. Sie wuchs also entweder mit dem falschen Atlas auf, oder sie hat einen geheimen Plan, die tektonischen Platten zu verschieben und ihr Land von der Tyrannei von Landgrenzen zu befreien.

In der europäischen Politik gibt es ein bekanntes Axiom: Eine deutsch-französische Grenze bringt immer Ärger mit sich. Bis ins 19. Jahrhundert wurde sie von französischen Politikern wie Richelieu als Hinterhofzaun behandelt, an den sie ihre Hundehaufen schaufelten. Auf der anderen Seite der Grenze stritten sich mehr als 300 kleine deutsche Staaten mit ihren übergeschnappten Provinzpotentaten darüber, wer von ihnen das Recht hatte, sie als Düngemittel zu benutzen. Dann kam Bismarck, und die Sache wurde brenzlig. Die Provinzpotentaten verließen ihre Provinzen und marschierten in Frankreich ein.

Obwohl Frankreich auf die Ressourcen eines riesigen Kolonialreichs zurückgreifen konnte, musste es mit britischer und amerikanischer Hilfe gerettet werden. Zweimal. Da wurde jedem klar, dass die Grenze verschwinden musste. Jahrzehnte europäischer Einigungsbestrebungen haben dafür gesorgt, dass sie vollständig verschwunden ist. Aber Marine ist keineswegs begeistert. Sie will einen neuen Zaun. Sie sitzt auf einem ziemlich großen Hundehaufen.

Ich hoffe, sie hat ein besseres Konzept als Richelieu. Vielleicht wäre es doch gut, wenn sie einen Job am CERN bekäme. Wie würde sie das Elementarteilchen wohl nennen? Hört sich Bonaparton zu komisch an? Wie wär's mit Boson de Gaulle?

EUROPA AUS DER SICHT VON MARINE LE PEN 2016

Europa im Jahr 2022

Willkommen in der leuchtenden Zukunft Europas. Wir schreiben das Jahr 2022, fünf Jahre nach der Großen Europäischen Spaltung, die den Traum eines politisch und ökonomisch geeinten Europas beendete. Klingt schlimm? Muss nicht sein. Es scheint ein Naturgesetz zu sein, dass Europa nie wirklich lange einig sein kann. Es spaltet sich immer in der Mitte, wie ein nach Fortpflanzung strebendes Bakterium. Das Ost- und das Weströmische Reich, die katholische und die orthodoxe Kirche, der östliche Kommunist und der westliche Kapitalist – jedes und jeder von ihnen ist das Ergebnis des fehlgeschlagenen Versuchs, den Kontinent zu einen, sei es politisch oder geistig. 2022 wird dann die Auflösung des heutigen Europa endgültig vollzogen sein.

Die derzeitige Eurozone wird zu einer quasi-föderalen Einheit namens Merkelreich schrumpfen, zu der Deutschland, Frankreich, Österreich und Luxemburg zählen werden. Italien, Spanien und Belgien werden in verschiedene kleinere Länder zerfallen, von denen Spaniens Baskenland, Belgiens Wallonien und Norditalien den Euro behalten und mit dem Merkelreich verknüpft bleiben werden. Spanien wird auseinanderfallen, Galizien und die Extremadura werden sich mit Portugal zusammentun, um ein neues Land zu gründen: Portugalizien. Kastilien, Spaniens Zentrum, wird sich in den neuen Vatikan verwandeln. Die meisten der echten frommen Katholiken leben ohnehin dort. Deswegen wäre es für die katholische Kirche nur folgerichtig, endlich ganz umzusiedeln. Der Rest Spaniens wird vom Katalanischen Reich vereinnahmt und politisch unter dem Einfluss des Merkelreichs stehen. Italien wird auf den südlichen Teil der Apenninenhalbinsel zusammenschrumpfen. Sizilien wird Europas Alcatraz, dort müssen die hoffnungslosesten Kriminellen lebenslang sitzen. Sardinien wird ein Erholungsgebiet mit lockeren Gesetzen, hierher begeben sich die Zentral- und Nordeuropäer einmal im Jahr, um sich von ihren hyperaktiven, megaproduktiven Existenzen zu erholen. Die Gegend um Rom herum wird unter schwuler Besatzung sein, weil irgendwann alle Schwulen die Homophobie des Papstes leid sein und deswegen dort einfallen werden. Der Papst wird ein Jahr unter Hausarrest gestellt und gezwungen sein, Samba zu lernen. Vielleicht wird er nach Spanien entkommen, wo der Neue Vatikan in einer Zeremonie in Valladolid ausgerufen wird. Das westliche Mittelmeer wird umbenannt in das Deutsche Nudistenmeer zu Ehren der hart arbeitenden Touristen aus dem Merkelreich, die auch weiterhin jährlich zu Besuch kommen. Wegen ihrer unglaublichen finanziellen Disziplin und ihrer leidenschaftlichen Sparsamkeit wird kein Merkelreich-Bürger jemals Schwimmzeug kaufen. Das wird als reichlich unnötiges angelsächsisches Accessoire verschmäht, das nur Verklemmte tragen. Belgien wird sich teilen, oder genauer: Es wird den Gedanken an seine Einheit aufgeben, und Flandern wird sich endlich den Niederlanden anschließen, die den Euro ablehnen, weil sie nicht die westliche Küste des Merkelreichs sein wollen. Sie werden weiterhin das Weltgericht beherbergen, ihre juristischen Ambitionen werden noch mehr anwachsen, und sie werden sich in eine Nation von Juristen verwandeln, die auf dem ganzen Kontinent tätig sind. Rechtsberatung wird mehr als 50 Prozent ihrer Exporte und einen beachtlichen Teil ihres BIP ausmachen. Weil die Führer der Eurozone schließlich bemerken werden, dass sie von Finanzen keine Ahnung haben, wird die Europäische Zentralbank verpflanzt, und zwar in die Schweiz mit ihrem einmaligen Finanz-Know-how, die mit dem Merkelreich eng zusammenarbeitet, aber zumindest formell unabhängig bleibt. Die neue Hauptstadt des Merkelreichs wird Paris sein. Es wird in einer Zeremonie im Spiegelsaal von Versailles offiziell umbenannt in Neuberlin.

Die skandinavischen Länder im Norden werden sich endlich zusammenschließen, indem ihre königlichen Familien sich nach einer skandinavischen Heiratsregel vereinen, der gemäß jeder so viele Menschen heiraten darf, wie er lustig ist. Das neue Land wird die Zweite Kalmarer Union heißen und wird ganz offiziell drei Könige, drei Königinnen und ein einziges königliches Schlafgemach haben. Finnland und Island werden der Union als Schutzgebiete von Schweden beziehungsweise Dänemark angehören. Weil sie keine Monarchien sind, werden sie nicht in der Herrscherfamilie vertreten sein. Der Rest des Europa, wie wir es heute kennen, wird Estland, Lettland, Litauen, Polen, die Slowakei, Kroatien, Zypern, Rumänien, Bulgarien und Mazedonien umfassen. Letztgenanntes Land wird beitreten dürfen, vor allem weil Griechenland rausgeschmissen wurde. Die Europäische Union wird weiter Richtung Osten expandieren und Weißrussland, die Ukraine und Moldawien aufnehmen. Sie wird außerdem die Vojvodina einschließen, die sich von Serbien losgelöst hat. Die Hauptstadt der EU wird Warschau sein, als Hommage an den Warschauer Pakt und den Rat für gegenseitige Wirtschaftshilfe.

Es wird drei neutrale Pufferstaaten in Zentraleuropa geben, zwischen dem Merkelreich und der Europäischen Union. Als Erstes werden die Tschechen, die immer gern ihr eigenes Süppchen kochen, ihre EU-Ambitionen aufgeben. Dann werden die autoritären Tendenzen in Ungarn sich verschärfen und zu einem Rauswurf aus der EU führen. Zu einem späteren Zeitpunkt wird Ungarn zu einem Reich mit Viktor Orbán als erstem Kaiser, dessen Tochter wahrscheinlich Prinz Harry heiraten wird. Schließlich werden sich Bosnien und Herzegowina, Serbien und Montenegro zu einem gemeinsamen Chaotenstaat namens Serbien und Herzegowina zusammenschließen. Auf nichts wird man sich hier je verlassen können, aber das überrascht auch keinen. Albanien wird sich den Kosovo einverleiben, und beide werden weiterhin die ärmsten Länder Europas sein. Im Süden wird die Türkei weiterhin der ständige EU-Kandidat bleiben, aber sie wird nicht mehr so tun, als würde sie noch dazugehören wollen. Griechenland wird total pleitegehen, finanziell und moralisch. Dies wird zur Kolonialisierung durch China führen. Die Griechen werden gezwungen sein, billige Statuen für den boomenden Luxusimmobilienmarkt in China und Südostasien zu produzieren. Das östliche Mittelmeer wird in Südchinesisches Meer umbenannt, und zusammen mit Griechenland wird ein großer Teil der Staaten Nordafrikas entweder auch chinesisches Einflussgebiet oder gleich zu Kolonien. Auf den britischen Inseln wird das Vereinigte Königreich entzweigehen, wenn Schottland für die Unabhängigkeit stimmt und eine Republik wird, nur um David Cameron zu ärgern. Später, wenn Cameron den Verstand verloren hat, werden sie wieder zur Krone zurückkehren, aber ein unabhängiges Land bleiben. Irland wird sich gänzlich aufreiben zwischen dem Verlangen, zum Merkelreich zu gehören, und dem Wunsch, an der Verbindung mit dem Vereinigten Königreich festzuhalten. Eine Pattsituation wird eintreten, ein undefinierbarer Status des Landes ist die Folge. Auf dem Papier wird es Teil der Eurozone sein, aber praktisch steht es für sich. Angela Merkel wird offiziell eine »Ein Staat, zwei Systeme«-Politik verfolgen, aber das Vereinigte Königreich wird dagegen sein.

So ungefähr wird Europa in zehn Jahren aussehen. Der Kontinent wird von zwei Supermächten beherrscht, Merkelreich und Russland, die großen Einfluss auf die Europäische Union ausüben. Das Vereinigte Königreich wird am Rand des Kontinents isoliert sein, jedenfalls bis die Personalunion mit Ungarn in Kraft tritt. Der Rest ist, wie man sagt, Geschichte.

Willkommen in Eurabien

Kondensstreifen zierten den Himmel über der Bronzestatue von Nigel Farage, die einst aufgestellt wurde zum Gedenken an seine »Wir werden auf den steinigen Stränden kämpfen«-Rede vor dem britischen Unterhaus, und zwar kurz bevor ein entführter Zeppelin in das Gebäude flog und einen Taubenschwarm tötete, der dort drinnen nistete. Die Überreste der Katastrophe wurden von Boris Johnsons Enkel, der gerade zum britischen Premierminister gewählt wurde, in ein Open-Air-Museum verfrachtet. Angesichts der schwierigen Aufgabe, die Kriegswirtschaft anzukurbeln, hatte er das Gefühl, dass Großbritannien, eine der wenigen verbliebenen christlichen Nationen in Europa, etwas moralische Unterstützung nötig hätte. Er eröffnete nicht nur das Museum mit den sorgfältig angeordneten Tauben-Skeletten, er sorgte auch für die Umwandlung der letzten verbliebenen Pleite-Friseursalons in Striptease-Clubs, in denen von der Küste der Normandie entführte muslimische Frauen gewaltsam entschleiert wurden und jubelnde britische Patrioten Händels »Halleluja« sangen.

In Paris machte sich der neue Taliban-Bürgermeister an die Demontage des Eiffelturms. Das Metall des riesigen Symbols der französischen Republik sollte eingeschmolzen und zu Schwertern für die Taliban-Soldaten verarbeitet werden, die an der geplanten Invasion Großbritanniens teilnehmen würden. Der Louvre, gerne besucht von den Mitgliedern der Taliban-Jugend, wurde zum »Museum für Entartete Kunst« und galt als der einzige Ort in der talibanesischen Welt, wo hysterisches Lachen nicht nur erlaubt war, sondern aktiv gefördert wurde. Kinder, die vor der *Mona Lisa* nicht kicherten, wurden öffentlich ausgepeitscht.

Im benachbarten Spanien schloss die unter direkter Aufsicht des marokkanischen Königs stehende »Agentur für richtige Essgewohnheiten« derweil nach zehnjähriger Laufzeit ein Desinfektionsprogramm ab. Christen, die beim Verzehr von Schweinefleisch erwischt wurden, drohte die sofortige Ausweisung. Wer Hausschweinen Unterschlupf gewährte, wurde enteignet und in Arbeitslager im Süden verbracht, wo das größte Bauprojekt des Jahrhunderts, die Gibraltar-Brücke, in vollem Gange war. Die Sagrada Família in Barcelona wurde abgerissen, weil Tausende von Muslimen über Albträume klagten, nachdem sie versehentlich einen Blick auf das Gebäude geworfen hatten und nicht erkennen konnten, was es sein sollte. Eine schwangere Frau erlitt eine Fehlgeburt, nachdem sie die Kathedrale unbeabsichtigt mit Rotz befleckt hatte, als sie so stark niesen musste, dass ihre Burka wegflog und auf dem Bürgersteig landete. Nachdem sie sich erholt hatte und aus dem Krankenhaus entlassen worden war, wurde sie eifrig zu Tode gesteinigt, und zwar gemäß einer Klausel im islamischen Recht, das schwangeren Frauen das Niesen vor Gebäuden mit seltsamer Architektur verbot.

Im Osten erlebte Rom ein Revival. Die Ruinen des alten römischen Forums wurden endlich beseitigt, das ganze Areal wurde aufgeräumt und alle darin lebenden Katzen kastriert. Italienische Männer wurden immer weibischer, nachdem der saudische Gouverneur von Al-Apenninia, so der offizielle Namen des Landes, die Fluoridmenge im Leitungswasser verdoppelt hatte. Berichte über erste italienische Machos, denen Brüste wuchsen, kamen aus der Gegend um Neapel.

Die Schweiz, einst die Wiege der direkten Demokratie in Europa, wurde von Kuwait gewaltsam annektiert, und abgesehen von einigen neu gebauten Minaretten bemerkte niemand im Land eine Veränderung. Das große kosovarische Reich annektierte das benachbarte Österreich, nachdem dieses es wiederholt abgelehnt hatte, sich für seine Nazi-

Vergangenheit zu entschuldigen und diese aufzuarbeiten. Wien wurde zum Neuen Mekka erklärt, und alle Muslime in Europa wurden verpflichtet, in Richtung des Stephansdoms zu beten, der in eine Moschee umgewandelt worden war. Deutschland war das einzige von Muslimen eroberte Land in Europa, das sich nicht formell ergeben hatte. Die deutsche Regierung befand sich im Exil in China, weil die Kanzlerin und mehrere ihrer Minister gerade bei einem offiziellen Besuch in einer neu eröffneten Weißwurstfabrik am Stadtrand von Schanghai weilten, als der Blitzdschihad losging. Berlin war unter den Kriegsverbündeten Saudi-Arabien, Jemen, Dschibuti und Iran aufgeteilt worden. Nach der vollständigen Besetzung Europas bildeten sich unter den Alliierten zwei gegnerische Lager. Das Brandenburger Tor wurde abgebaut und nach Bagdad transportiert. Es wurde durch das aus dem Pergamon-Museum geholte Ischtar-Tor ersetzt. Der Status der Stadt ist nach wie vor ungeklärt. Nur Großbritannien, Polen und Norwegen blieben auch nach dem Blitzdschihad christlich. Der norwegische König bestieg bei einer offiziellen Zeremonie in Warschau den polnischen Thron und begründete die Personalunion zwischen beiden Nationen. Er versprach, die polnische Tradition zu ehren und am Verbot der Homo-Ehe, der Abtreibung und aller verweichlichter feministischer Propaganda festzuhalten. Das für sein unbrauchbares Militär bekannte Norwegen blieb von der Besetzung verschont, weil es schwedische Flüchtlinge als Söldner angeheuert hatte.

Olso war auch weiterhin die langweiligste Hauptstadt Europas, selbst nachdem der König eine 30 Meter hohe Statue von Anders Breivik vor dem Königspalast hatte aufstellen lassen. In deren Kopf befand sich ein Drehrestaurant mit Panoramablick auf die Stadt.

Endlich nicht mehr pubertieren

»Der menschliche Geist beschäftigt sich am liebsten mit Geschichten, nicht mit Logik«, schreibt Jonathan Haidt in seinem Buch »The Mind: Why Good People are Divided by Politics and Religion« (2013). Davon weiß jeder fähige Politiker ein Lied zu singen. Rohe Daten sind der Heilige Gral der Wissenschaft, aber unser Gehirn kann sie nur schwer genießen. Wie Rohkost erfordern solche Daten eine Menge Kauarbeit, bevor der Körper ihre Nährstoffe aufnehmen kann. Wir haben Informationen immer durch Geschichten gespeichert und übermittelt. Einer der berühmtesten Texte aller Zeiten, die »Odyssee«, wurde nicht auf einer Schreibmaschine geschrieben. Er war ein Meisterwerk der mündlichen Überlieferung und für den öffentlichen Vortrag gedacht, nicht für die stille Lektüre.

Da wir heute durch die Fülle aufgeschriebener Geschichten verwöhnt sind, können wir uns nur noch schwer vorstellen, dass jemand ein solch gigantisches Gedicht in all seiner Hexameterpracht auswendig lernen konnte. Doch die Fähigkeit, Muster zu erkennen und über einen vertrauten Kontext Informationen in sie einzubetten, ist eine natürliche Fähigkeit, ohne die die menschliche Intelligenz nicht existieren würde, zumindest nicht so, wie wir sie heute kennen. Dieses grundlegende Vertrauen auf das Geschichtenerzählen, das alle Zivilisationen, ob modern oder archaisch, teilen, hat seinen Preis. Sehr oft vereinnahmt das Medium, das die Informationen überträgt, die Ideen und verwandelt sich so in einen Parasiten. Dann ist eine Geschichte keine Quelle der Offenbarung mehr, sondern sie wird zu einem Dogma. Sie versteinert, ausgehöhlt von der wörtlichen Auslegung ihrer lahmen Metaphern, die wie eigenartige Überbleibsel das Verständnis eher erschweren, als es zu erleichtern. Wenn solche Parasiten sich auf lebendige Mythen und Legenden stürzen, kristallisiert sich immer irgendeine Form institutionalisierter Religion heraus. Die Übertragung der Ideen in einen religiösen Kontext erfordert immer die Führung und die Zustimmung einer bestimmten Autorität, einer Priesterschaft, deren Rolle darin besteht, die mumifizierte Poesie davor zu schützen, aus Versehen – durch irgendeine Form der Ketzerei – wiederbelebt zu werden und außer Kontrolle zu geraten. Jeder Mythos, der in die Hände eines Bürokraten fällt, verwandelt sich in ein Werkzeug der Massenmanipulation. Die meisten organisierten Religionen wollen den menschlichen Geist ewig klein halten. Sie bemühen sich, die Neugier lahmzulegen, den Forschergeist im Keim zu ersticken und persönliche Meinungsbildung zu unterbinden. Sie erziehen zu infantilem Gehorsam, und zwar durch ein System des Belohnens und Bestrafens sowie – im Fall des Christentums – durch jede Menge Schuldgefühle. Was zu einer Vielzahl von psychischen Störungen führen kann, die die Wissenschaft noch zu klassifizieren hätte. Menschen, die systematisch von der organisierten Religion und ihren politischen Ablegern einer Gehirnwäsche unterzogen worden sind, haben oft die Tendenz, Mythen auf rohe, unreflektierte Weise aufzufassen. Sie sind ausgerechnet für das, was sie angeblich am meisten schätzen, den spirituellen Aspekt einer Geschichte, völlig unempfänglich. Ihr Verstand ist nämlich der Fähigkeit zum bildhaften Sprechen beraubt worden, dem wesentlichen Baustein einer beeindruckenden Geschichte.

Deshalb gibt es in der westlichen Kunst so viele Engelsfresken, wo Engel doch wohl die lächerlichsten Kreaturen sind, die der Mensch sich jemals ausgedacht hat. Das passiert, wenn man die Menschen davon überzeugt, dass der Himmel ein wirklicher Ort in den Wolken ist, an den sie in perfekter körperlicher Verfassung gelangen werden. Weil es noch keine Flugzeuge gab, als das Christentum sich in

Europa und im Nahen Osten ausbreitete, war es ganz logisch, dem keineswegs aerodynamischen Menschenkörper ein paar Flügel zu verpassen. Alle Sünder zu Tor 1, bitte! Natürlich werden die christlichen Engel oft von dem Markenzeichen muslimischen Erfindungsreichtums überschattet – der himmlischen Jungfrau. Sie kommt deswegen erst an zweiter Stelle, weil sie nicht aus dem Mainstream-Islam stammt, sondern lediglich in einigen fundamentalistischen Sekten beheimatet ist. Sie haben viel weniger Anhänger, wahrscheinlich wegen ihrer Angewohnheit, sich mit Geschenkkörben in die Luft zu sprengen und hin und wieder Flugzeuge zu entführen. Die Anzahl an Jungfrauen, die jedem Selbstmordattentäter versprochen wird, ist immer begrenzt. Verblüffend, oder? Wenn man vorhat, eine Ewigkeit im Himmel zu verbringen, stellt dann ein zusätzlicher Bonus von 100 Jungfrauen einen Anreiz dar, sein Leben zu opfern? Das wäre 100 Nächte toller Sex, zumindest nach fundamentalistischen Standards. Und was dann? Und da könnte das Christentum ganz nützlich werden, wenn die muslimischen Fundamentalisten ihre Doktrin nur ein wenig ändern würden. Das Christentum hat etwas, wovon jeder Selbstmordattentäter nur träumt: das Know-how zur ultimativen Jungfernhäutchen-Wiederherstellung. Wir reden hier nicht vom postkoitalen 08/15-Verschleiß. Der christliche Gott kann ein Jungfernhäutchen reparieren, das ein Baby durchgelassen hat. Nun, dieser Überschwang der Fantasie ist es wert, jedes Jahr als historische Tatsache gefeiert zu werden!

Selbst in säkularen Gesellschaften, die ausschließlich auf den Werten der Vernunft basieren, werden die Prediger des Unsinns in der Annahme gehätschelt, dass die Dummheit heilig ist, wenn sie in Form einer etablierten Religion daherkommt. Wir bemühen uns um politische Korrektheit, damit wir ihren zerbrechlichen Glauben nicht verletzen und ihre Kinder nicht in die Irre führen, auf dass sie keinesfalls den Gefahren des Harry-Potter-Kultes und dem gefährlichsten aller Dämonen, dem Pokemon, ausgeliefert werden. Der ist für einige christliche Fundamentalisten dafür verantwortlich, dass Kinder in einer »Lügenwelt leben, sodass sie nicht mehr zwischen Fantasie und Realität unterscheiden können«. Alle religiösen Freaks zeichnen sich nach der Gehirnwäsche durch ihre übermenschliche Fähigkeit aus, jede Art von Fiktion wörtlich zu nehmen. Zur gleichen Zeit lehnen sie es aber selektiv ab, an Unsinn zu glauben, der nicht aus ihren eigenen Schriften stammt.

Es ist keine Überraschung, dass diese erstaunliche menschliche Anfälligkeit für den Wahn zu politischen Zwecken verwendet wurde, und zwar sowohl von der Kirche als auch von der herrschenden Klasse. Eines der schönsten Beispiele für reine Panikmache stammt aus dem Jahr 1566, als einer 15-jährigen Französin in Laon vor einem Massenpublikum der Teufel ausgetrieben wurde. Nicole Aubrey war von verschiedenen Dämonen besessen, die in sie ein- und ausfuhren, als ob sie ein Highway-Motel wäre. Die meisten von ihnen wurden von einer Armee erfahrener katholischer Priester verjagt, aber es war einer dabei, der besonders hartnäckig war und sich weigerte wegzugehen, es sei denn, es würde sich der Bischof von Laon selbst der Sache annehmen. Nach den Gesetzen des heiligen katholischen Zufalls war dieser Dämon der Einzige, der einen Namen trug. Zur großen Überraschung aller stellte er sich als »Beelzebub, Fürst der Hugenotten« vor. Vielleicht ist hier der Ort, um zu erklären, dass diese ganze Realityshow während der ganz treffend so bezeichneten Französischen Religionskriege stattfand. Zufälligerweise spalteten sich Katholiken und Protestanten in zwei feindliche Lager, die sich gegenseitig mehr hassten, als sie Jesus Christus liebten.

Nicole »Beelzebub« Audrey nahm ihren Part so ernst wie jeder DSDS-Kandidat. Sie hielt eine erschütternde Rede, in der sie die bösen Pläne der ketzerischen Hugenotten enthüllte. Diese hatten nämlich mehr Böses mit Jesus Christus vor als – Sie wissen schon – die Juden!

Das Wort Jude funktioniert wie ein Zauber in der christlichen Welt. Ich frage mich, ob es eine andere Religion gibt, die der Kontrolle durch die eigenen Erfinder entkam, nur um für mehr als zwei Jahrtausende deswegen karmische Albträume zu haben. Der Antisemitismus hat tiefe Wurzeln in der christlichen Psyche, und obwohl die katholische Kirche in den letzten Jahrhunderten vieles getan hat, um diesen Dämon auszutreiben, war seine Bösartigkeit so ansteckend, dass er den spirituellen Lehren entkam und als politische Philosophie reüssierte, die ihren Höhepunkt in dem monumentalen Kauderwelsch von Adolf Hitler und seinen Jüngern erreichte. Und all das nur, weil sich ein paar Juden zu Beginn der Neuzeit weigerten, einem Mann zu glauben, der behauptete, er könne Wunder vollbringen. Was für dumme Leute!

Für eine historische Ironie solchen Ausmaßes zahlt man immer einen grotesken Preis, und obwohl der Holocaust heute wie eine ferne Erinnerung erscheinen mag, die sich nicht noch einmal ereignen kann, sind schreckliche politische Handlungen, die durch verschiedene verrottende Religionen befeuert werden, leider immer noch Teil unseres täglichen Lebens. Am 22. Juli 2011 nahm sich ein erwachsener Mann, dessen Name an eine Figur aus einem Buch von Astrid Lindgren erinnert, ein halbautomatisches »Ruger-Mini-14-Gewehr«, eine »Glock-34-Pistole«, stürmte eine Sommercamp-Party und tötete kaltblütig 69 wehrlose Kinder auf einer malerischen Insel, die zu der ruhigen, wohlhabenden westlichen Demokratie namens Norwegen gehört. Sein Name war Anders Behring Breivik, und er war kein Psychopath. Er hatte eine politische Botschaft, die seiner Meinung nach schwer zu vermitteln war. Deshalb wollte er ihr durch einen Terroranschlag Nachdruck verleihen. Untersuchungen nach seiner Verhaftung kamen zu dem Ergebnis, dass er an einer narzisstischen Persönlichkeitsstörung litt, einem Zustand also, den der Psychoanalytiker Heinz Kohut mit diesem fantasievollen Namen versehen hat. In der Alltagssprache wird er in der Regel als Größenwahn bezeichnet, obwohl der Philosoph Bertrand Russell auf einen wichtigen Unterschied hinweist: »Der Größenwahnsinnige unterscheidet sich vom Narzissten dadurch, dass er nicht verführen, sondern herrschen, nicht geliebt, sondern gefürchtet werden will. Zu diesem Typus gehören viele Verrückte und die meisten Großen der Weltgeschichte.«

Wenn man die Feinheiten einmal beiseitelässt, braucht man keineswegs studiert zu haben, um zu verstehen, worum es hier geht. Es geht um etwas, das alle Eltern der Welt kennen – die kindliche Gewissheit, große Ansprüche stellen zu dürfen, und die Annahme, dass sich die ganze Welt nur um einen selbst, um den eigenen Willen und die eigene Vorstellungskraft dreht. Breivik wurde nicht als Terrorist gebrandmarkt, weil er ein weißer Christ war, und nach den meisten unserer voreingenommenen Medien und populistischen Politiker passt er nicht zum Klischee des Fundamentalisten, das so sorgfältig in unsere Köpfe implantiert worden ist. In Wahrheit gibt es kaum Unterschiede zwischen ihm und einem al-Qaida-Mitglied, abgesehen vielleicht von der Tatsache, dass er als Westler ein bisschen zu sehr um sich selbst kreist, als dass er sein Leben opfern könnte. Deswegen hat er sich auch gerne der Polizei ergeben, wahrscheinlich in der Hoffnung, dass eines Tages ein zukünftiger reformierter Papst ihn zu einem Märtyrer des Christentums erklären wird. Lasst uns, in liebevoller Erinnerung an die unschuldigen norwegischen Kinder, sicherstellen, dass sein Traum ein Werk der Fiktion bleibt.

TEKTONISCHE AKTIVITÄT AUS DER SICHT VON JUNGE-ERDE-KREATIONISTEN

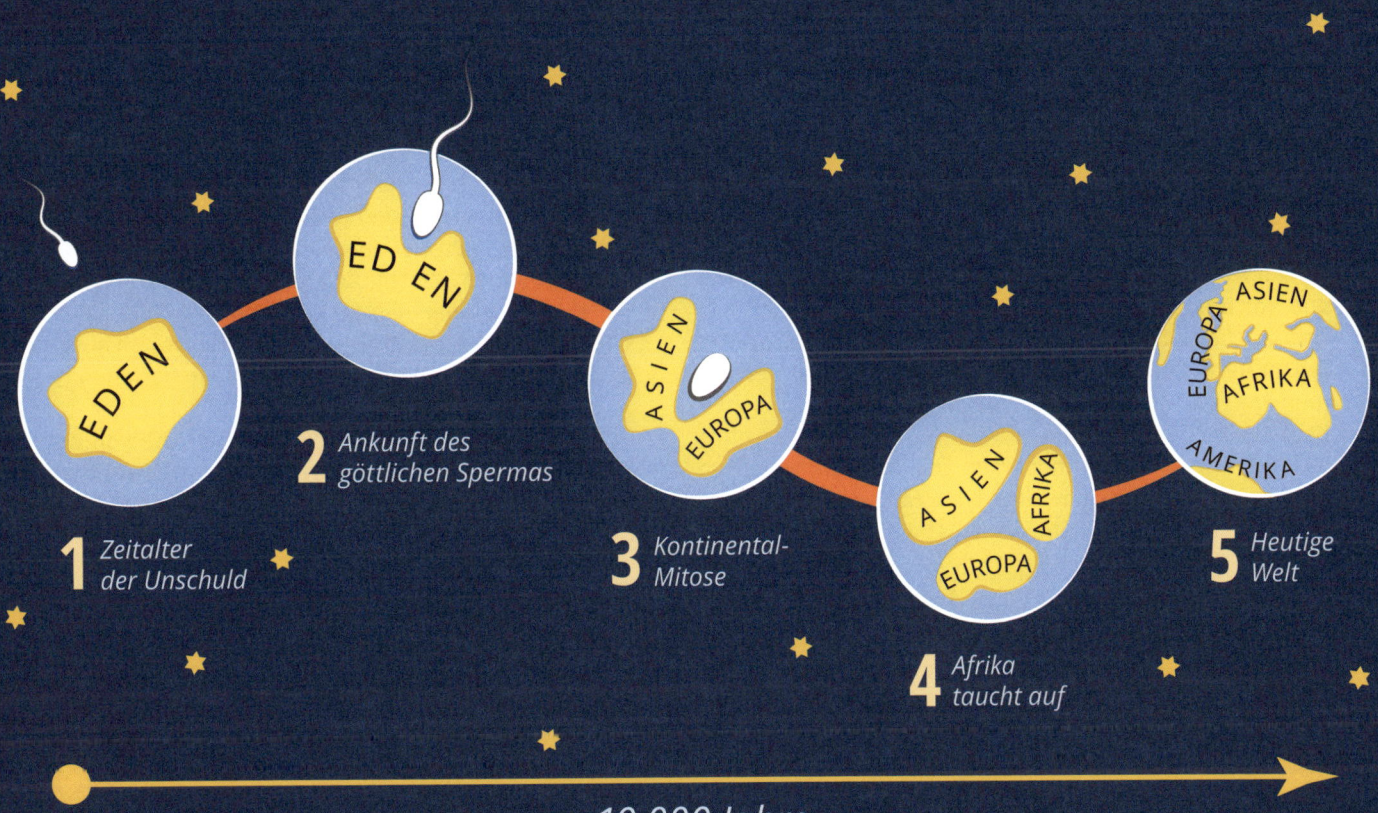

Diktatur und Kunst

Während der Dreharbeiten zu dem Film »Der dritte Mann« entschied sich Orson Welles, der auch die Hauptrolle spielte, das Drehbuch wie folgt zu ergänzen: »In den 30 Jahren unter den Borgias hat es nur Krieg gegeben, Terror, Mord und Blutvergießen, aber dafür gab es Michelangelo, Leonardo da Vinci und die Renaissance. In der Schweiz herrschte brüderliche Liebe, 500 Jahre Demokratie und Frieden. Und was haben wir davon? Die Kuckucksuhr!«

Ein interessanter Gedanke, aber er wird den Schweizern nicht ganz gerecht. Zunächst einmal: Die erste bekannte Kuckucksuhr befand sich eigentlich im Besitz von August von Sachsen. Der hatte, wie so viele andere deutsche Renaissance-Fürsten, eine Vorliebe für exzentrische Kostbarkeiten. Zu den wichtigsten Schweizer Errungenschaften zählt nach wie vor eine Reihe von Schriften, die allgegenwärtiger sind als Coca-Cola. Sie wurden 1957 von dem Schweizer Typografen Max Miedinger geschaffen, der ihnen den Namen Helvetica verpasste, sie also nach der lateinischen Bezeichnung für seine Heimat benannte. Heute ist Helvetica absoluter Standard im modernen Grafikdesign, vor allem dank des Booms der Schweizer Typografie. Wie das meiste, was universelle Anziehungskraft hat, ist diese Typografie langweilig und neutral, sie hat kein Gesicht, keinen Ausdruck und keine Emotionen. Genau deshalb ist sie auf unsichtbare Weise omnipräsent. Helvetica ist die Standard-Schriftart auf Ihrem iPhone. Für zahlreiche Logos beliebter Marken wird sie verwendet, darunter Lufthansa, McDonald's, GAP, Orange, Motorola, Panasonic, American Apparel, BMW, Target, J.C. Penney, Kawasaki, Zanussi ... Auch Arial, jene Schriftfamilie, die von Sekretärinnen auf der ganzen Welt geliebt und geschätzt wird, ist ein Helvetica-Abklatsch im Microsoft-Stil.

Dieses allgegenwärtige Schriftbild und die Design-Philosophie, auf der es basiert, hat eine fanatische Fangemeinde. In ihrem Versuch, modernes Design von jedem unnötigen Detail zu reinigen, hat deren Fanatismus eine Intensität erreicht, die jeden Selbstmordattentäter erröten lassen würde. Wenn es eine dunkle Seite der Demokratie gibt, wie Orson Welles andeutete, könnte es doch sein, dass sich ausgerechnet freiheitlich gesinnte Kulturen in ihrem besinnungslosen Streben nach Kompromissen enorm einschränken. Und im Gegensatz dazu können Gesellschaften, die von despotischen und undemokratischen Prinzipien geleitet werden, ihren Bürgerinnen und Bürgern beispiellose Freiheiten im Denken lassen.

Lost in Translation

Um fremde Kulturen zu studieren, greifen wir häufig auf Analogien zurück. Intuition und Erfahrung sagen uns, dass es eine Reihe von universellen Ideen gibt und dass Forscher nur herausfinden müssen, wie die Ideen vor Ort umgesetzt sind. Meistens ist das wohl auch so. Als menschliche Wesen besitzen wir die gleiche Biologie und die gleiche Psyche, und wir kämpfen die gleichen existenziellen Kämpfe.

Die Sache hat aber einen Haken, der unsere Versuche, Erfahrungen ordentlich zu organisieren, jederzeit vereiteln kann. Nehmen wir die Sprache. Überall auf der Welt gibt es ein Wort für »Mutter«. Es ist offensichtlich, dass wir alle eine Mutter haben. Aber wenn man versucht, die Idee der Mutterschaft genauer und ausführlicher zu beschreiben, werden die Dinge schon komplizierter. »Coño« ist ein sehr beliebtes spanisches Schimpfwort. Im Alltag verwenden die Spanier es sehr gerne als Ausruf. Man kann es sogar vor Menschen fallen lassen, die man gerade erst kennengelernt hat, oder bei einem Abendessen mit Freunden. Meiner Erfahrung nach ist es so verbreitet wie das englische »damn« oder das deutsche Wort »Scheiße«. »Coño« ist aber auch ein vulgäres Synonym für die Vulva, jene mysteriöse Stelle, aus der wir alle auf die Welt kommen und vor der manche Männer Todesängste haben. Aus irgendeinem unerfindlichen Grund ist das Wort selbst maskulin. Die angemessene Übersetzung des Wortes ins Englische wäre »cunt« – aber unter keinen Umständen würde ich in einer englischen Unterhaltung dieses Wort verwenden, auch nicht unter Freunden. Während das Englische eine wenigstens einigermaßen akzeptable Variante besitzt, um über die Vulva zu sprechen, nämlich das Wörtchen »pussy«, mangelt es anderen Sprachen an diesem lexikalischen Luxus. Im Bulgarischen klingt jeder annähernd äquivalente Ausdruck entweder grotesk anstößig oder rein medizinisch. Wir Bulgaren beschreiben unsere Genitalien häufig inoffiziell als diese »Arbeitsplätze«. Wir neigen dabei eigentlich keineswegs dazu, besonders höflich sein zu wollen, und wir haben in den fünf Jahrhunderten osmanischer Herrschaft zum Glück auch keine viktorianische Moral ausgebildet. Ich bin mir fast sicher, dass es in fernster Vergangenheit ein Extra-Gebot in der bulgarischen Bibel gab, das da hieß: »Du sollst den Namen der Vulva nicht ohne Grund nennen.« Das glauben wir so fest, dass wir das Wort komplett vergessen haben.

Das Problem mit den interkulturellen Analogien ist nicht auf den Bereich der Sprache beschränkt. Zu Missverständnissen und falschen Annahmen kann es fast überall kommen. Selbst professionelle Historiker sind nicht immun dagegen. Donald Kagan, einer der größten Kenner der Geschichte des antiken Griechenland, kann sich einfach nicht mit dem Geschmack von Olivenöl anfreunden. »Manche Leute gießen Öl einfach so über ihren Salat. Ich finde das widerwärtig. Wenn man das Öl aus den heruntergefallenen Oliven presst, entsteht ein ekelhafter Geruch…«, teilte er in einer seiner öffentlich zugänglichen Vorlesungen auf dem YouTube-Kanal der Yale University mit. Professor Kagan hat einen unbestreitbaren Ruf als Historiker. Er sprach darüber, dass man Olivenöl in der Antike zu hygienischen Zwecken einsetzte, und erklärte, dass die Leute deshalb Parfüm ins Öl mischten. Ich bin mir sicher, dass er mehr über die Antike weiß als die meisten Griechen heute. Aber jemand, der sich so intensiv mit dem Thema beschäftigt und der oft in Griechenland (und wahrscheinlich überall im Mittelmeerraum) war, sollte wissen, dass »ekelhaft« nicht das Wort ist, das einem Einheimischen in Bezug auf Olivenöl in den Sinn kommt. Die Menschen benutzen Olivenöl schlicht deswegen nicht als Parfüm, weil niemand nach Lebensmitteln riechen will, wenn die Party losgeht.

Auch jene Wahrnehmungen, die wir für absolut objektiv halten, lassen sich infrage stellen. Allein in Europa variiert das Klima von halbtrocken bis arktisch. Das schafft eine Fülle von Problemen. In Dänemark spricht man offiziell von einer Hitzewelle, wenn an fünf aufeinanderfolgenden Tagen die Temperatur über 28 °C liegt. Ein Stück weiter Richtung Norden, im Nachbarland Schweden, sinkt dieser Grenzwert auf 25 °C. Weil es im Sommer 2013 so unerträglich heiß war, umgingen ein paar männliche Stockholmer Lokführer das Verbot ihres Arbeitgebers, kurze Hosen bei der Arbeit zu tragen, und stiegen selbstbewusst auf Röcke um, wogegen der Arbeitgeber keine Einwände hatte. Sie gingen das Risiko ein, schief angesehen zu werden, weil sie vor allem das Bedürfnis hatten, ihre haarigen Beine zu kühlen. Genau dieses Wetter wird aber in Griechenland, Italien oder Spanien als mild und erfrischend angesehen, in jenen Ländern also, in denen Büroangestellte die glühend heißen Sommer mit eng um den Hals gebundenen Krawatten überstehen. Auf der anderen Seite ist es nicht ungewöhnlich, dass spanische Nachrichtensprecher von »sibirischer Kälte« sprechen, wenn die Außentemperatur auch nur knapp unter dem Gefrierpunkt liegt. Ein Russe und ein Spanier können wohl von früh bis spät darüber streiten, was einen größeren Akt der Tapferkeit darstellt: Joggen am Mittag im andalusischen Sommer oder Schwimmen im Ladoga-See an Weihnachten. In Wirklichkeit würde sich keiner von ihnen in klimatischen Extremen wohlfühlen, die er nicht gewohnt ist. Wir werden von unserer Umwelt nicht nur kulturell, sondern auch physisch geformt, und jede abrupte Änderung provoziert große Anpassungsschwierigkeiten. Sich an ein fremdes Klima zu gewöhnen ist wie das Erlernen einer neuen Sprache. Das geht nicht über Nacht, und man kann es unter keinen Umständen erzwingen.

Missverständnisse können sogar zwischen Kulturen entstehen, die einander sehr ähnlich sind. Kaum ein besseres Beispiel gibt es dafür als das Zeitgefühl, wie es südländische Kulturen entwickelt haben. Während Einstein die allgemeine Relativitätstheorie für die teutonische Welt erst Anfang des 20. Jahrhunderts entdeckte, wussten die Menschen südlich der Pyrenäen bereits seit Ewigkeiten, dass die Zeit keine Konstante ist. Nachdem sie den amerikanischen Kontinent kolonisiert hatten, übermittelten die Spanier ihren neuen Untertanen dieses Wissen, indem sie deterministische Ideen auslöschten, die vor ihrer Ankunft bestanden haben könnten. Im anschließenden Chaos hörte die Raumzeit ganz auf, den Gesetzen der Physik zu gehorchen. Heute haben Mexikaner drei verschiedene Definitionen von »jetzt«. Das liegt zum Teil an der magischen Fähigkeit der spanischen Sprache, Diminutive zu bilden. Das englische Wort »now« wird übersetzt als »ahora«. Aber hier enden die Gemeinsamkeiten auch schon. Das mexikanische »ahora« kann mehr als eine Stunde lang dauern (die Deutschen sprechen dann vielleicht schon von einer fernen Vergangenheit). In den meisten Fällen, in denen man einem Mexikaner die Vorstellung absoluter Unmittelbarkeit vermitteln will, muss man sich gegen die eigene Intuition stemmen und »jetzt« in immer kleinere Einheiten unterteilen. Dafür bietet sich die Verkleinerungsform an: »ahorita«. Niemand kann genau sagen, wie viele »ahoritas« es in einem einzigen »ahora« gibt. Das führt zu einem weiteren Rätsel, das Heisenbergs Unschärferelation in der Physik gleicht, derzufolge wir nicht gleichzeitig die genaue Position und die Geschwindigkeit eines Teilchens erkennen können. Wenn man versucht, genau festzustellen, was das Jetzt in der ibero-amerikanischen Welt bedeutet, verliert man die Fähigkeit, die Zeit richtig zu messen. Wenn man richtig stur ist, kann man zu »ahora mismo« Zuflucht nehmen. Einige behaupten, es handle sich hierbei um eine noch kleinere Einheit als »ahorita«, aber ich bezweifle das. Am Ende bleibt einem nur, sich locker zu machen und sich daran zu erinnern, dass das, was wir Pünktlichkeit nennen, eine Vorstellung des industriellen Zeitalters ist, und dass sie eher für Maschinen als für die menschliche Psyche gelten kann.

EINSTEINS RELATIVITÄTSTHEORIE FÜR ANFÄNGER

MADRID (Spanien)

LONDON (GB)

SYDNEY (Australien)

CIUDAD JUAREZ (Mexiko)

Nicht allein unser Wortschatz sorgt dafür, dass zeitliche Verzerrungen zwischen den Sprachen auftreten. Die Grammatik beeinflusst durch ihre eigenen Wurmlöcher unsere Wahrnehmung und unser Verständnis der Welt. Die grammatische Zeit ist eines der wichtigsten Merkmale der indogermanischen Sprachen. Wenn man auf Englisch über ein Ereignis oder eine Handlung spricht, wird die Information über den Zeitpunkt des Geschehens in der Regel automatisch mitgeliefert. Die Wörter, die diese Aktionen bezeichnen, also die Verben, haben verschiedene Formen, je nachdem, wann etwas passiert. »I am eating an apple« ist etwas anders als »I ate an apple«, und es gibt keine Notwendigkeit, zusätzliche Wörter hinzuzufügen, wie »jetzt« oder »gestern«, um den genauen Zeitpunkt zu enthüllen. Sprecher des Englischen sind oft regelrecht schockiert, wenn sie entdecken, dass es Sprachen gibt, in denen grammatische Zeitformen anders funktionieren oder einfach nicht vorhanden sind. Man muss gar nicht lange suchen, wenn man ein solches Beispiel finden will. Mandarin-Chinesisch, die meistgesprochene Sprache der Welt, ist so ein Fall. Auf der Grundlage ähnlicher Beobachtungen hat der Ökonom Keith Chen im Juni 2012 (in einem auf der TED-Konferenz gehaltenen Vortrag mit dem Titel »Beeinflusst Ihre Sprache Ihre Fähigkeit, Geld zu sparen?«) eine Hypothese gewagt, nach der unsere Muttersprache einen großen Einfluss auf unsere wirtschaftlichen Entscheidungen hat. Er behauptet, dass die Verwendung des Englischen »bei jeder Bezugnahme auf die Zukunft grammatisch zu einer Spaltung zwingt und dazu, sie so zu behandeln, als wäre sie etwas tiefgreifend anderes«. Demgemäß wirkt sich diese Dissoziation stark aus auf die Fähigkeit des Englisch-Sprechenden, mögliche Schwierigkeiten vorauszusehen und für die Zukunft vorzubauen. Um seinen Standpunkt zu verdeutlichen, zitiert er statistische Untersuchungen über das Sparverhalten der Menschen in verschiedenen OECD-Ländern. Das Vereinigte Königreich und die USA stehen weit hinten, zusammen mit Griechenland. Ob es so eine direkte Korrelation zwischen Sprache und wirtschaftlichem Verhalten gibt, muss noch bewiesen werden. Einfachen Erklärungen wie dieser gelingt es nur selten, solche komplexen Probleme zu lösen. Aber sie verführen uns leicht. In Europa vertieft die Wirtschaftskrise die Kluft zwischen dem katholischen Süden und dem protestantischen Norden in einer derart auffälligen Weise, dass man meinen könnte, beide Regionen seien grundsätzlich unvereinbar miteinander. Es gibt sicherlich eine Menge Statistiken, die das beweisen könnten, aber einige sehr wichtige Details rutschen durch die Vielzahl von bunten Torten und Infografiken. In einem viel beachteten Artikel im *Guardian* warnte der Finanzschamane der überschuldeten Eurozone, Wolfgang Schäuble, unter dem Titel »We Germans don't want a German Europe« im Juli 2013 davor, solche Vorurteile zu pflegen, indem er an eine ziemlich unbequeme Wahrheit erinnerte: »Sind die Deutschen freudlose, von protestantischer Arbeitsethik beseelte Kapitalisten? Tatsächlich sind einige wirtschaftlich erfolgreiche Regionen Deutschlands traditionell katholisch. Die Italiener lieben alle ihr ›dolce far niente‹? Die industriellen Regionen in Norditalien wären nicht die einzigen, die sich gegen eine solche Unterstellung sträuben würden. Die skandinavischen Wohlfahrtsstaaten, denen soziale Solidarität und Umverteilung so wichtig sind, passen sicherlich ebenfalls nicht zu diesem Zerrbild.« Und da stehen wir nun, schütteln den Kopf und fragen uns, wie wir einander besser verstehen könnten. Vielleicht verhält es sich hiermit wie mit allem im Leben: Der Weg ist das Ziel.

Generation Ich

Das letzte Jahrhundert endete mit Andy Warhols Prophezeiung, dass jeder seine 15 Minuten Ruhm bekommen würde. Das 21. Jahrhundert stellt sich als weit großzügiger heraus. Die Zeitbeschränkungen, die Warhol dem Ruhm auferlegte, sind nicht mehr gültig. Sie waren eine Folge der Sendegewohnheiten des Fernsehzeitalters, in dem der Tag noch 24 Stunden hatte, die unter den wenigen konkurrierenden A-Promis aufgeteilt wurden. Heute ist jeder ein Star, ständig. Sogar Kritiker.

Kritiker sind nicht daran interessiert, als Korrektiv aufzutreten, weil die ganze Vorstellung von einer etablierten Autorität nicht mehr cool ist. Cool sind die Frisur, die man hat, das Gadget und die gerasterten Promi-Zitate, die man auf Facebook und Twitter teilt und mit einem persönlichen »Wow« versieht. Die sorgfältige Bemühung, die unbedingt zum Leben zu gehören schien, wurde ersetzt durch Absichtserklärungen. Alles ist nur noch ein Tippen oder einen Klick entfernt. Der Mangel an Autorität erzeugt ein Vakuum, an das man sich noch gewöhnen muss. Die Wahnsinnsgeschwindigkeit, mit der Informationen ausgetauscht werden, verleitet zu der Annahme, dass das, was wir in unserem Newsfeed sehen, der Strom aller wesentlichen Informationen in der Welt ist. Nur wenige von uns sind sich bewusst, dass soziale Netzwerke, Content-Suchdienste und sogar Suchmaschinen wie Google akribisch versuchen, unsere Gewohnheiten zu analysieren und Algorithmen zu erfinden, mittels derer uns eine auf unseren Geschmack zugeschnittene Mischung von Informationen geliefert wird. Nachrichten und Themen, die uns unbekannt sind, werden aussortiert, und die Lücken werden gefüllt mit »nutzlichen« automatischen Empfehlungen unserer Kontakte. Internet-Aktivist Eli Pariser nennt dieses Phänomen eine »Filterblase«. Es könnte eine neue Art von Weltanschauung erzeugen, einen quantenmechanischen Albtraum, bei dem jeder von uns eine personalisierte Version des Universums wahrnimmt, und zwar auf der Grundlage der verschiedenen Informationen, die unserem Gehirn zugeführt werden. Das mag wie Science-Fiction klingen, aber erschreckend reale Anzeichen dafür sind nicht schwer zu finden.

»Eine Welt, die sich nur aus Bekanntem zusammensetzt, ist eine Welt, in der es nichts zu lernen gibt«, schreibt Eli Pariser in seinem Buch »The Filter Bubble« (2011). Allerdings hat das Autoritätsvakuum auch jenseits von Filterblasen schädliche Auswirkungen. Es kann sich auch in einem guten alten Fehlinformationstsunami äußern. Der Tod von Nelson Mandela am 5. Dezember 2013 führte bei den Medien zu Hyperaktivität. Journalisten weltweit trompeteten selbst kleinste Details mit aller Macht hinaus und versuchten so, aus jeder öffentlichen Äußerung das meiste herauszuholen und die Augen und Ohren eines Publikums mit notorisch kurzer Aufmerksamkeitsspanne zu fesseln. Einen Tag später nahm Barack Obama an der Gedenkfeier in Südafrika teil und besaß die Unverfrorenheit, mit David Cameron und Helle Thorning Schmidt, den Regierungschefs des Vereinigten Königreichs und Dänemarks, ein Selfie zu machen. Horden empörter Twitter-Nutzer beschwerten sich und teilten die falsche Information, dass die schändliche Tat während Mandelas Beerdigung stattgefunden habe – dabei hatte diese noch gar nicht begonnen. Einige britische Boulevardblätter schenkten Michelle Obama besondere Aufmerksamkeit, die über das angeblich respektlose Verhalten ihres Mannes verärgert schien, woraufhin eine Debatte über das Stereotyp der »wütenden schwarzen Frau« einsetzte.

Am 15. Dezember schneite es in der ägyptischen Hauptstadt Kairo zum ersten Mal seit 112 Jahren. Als das außergewöhnliche Ereignis sich herumsprach, wurden Bilder einer schneebedeckten Sphinx und schneebedeckter Pyramiden von Gizeh mehr als 10 000-mal auf Twitter geteilt. Sie erwiesen sich später als Fälschungen, aber nur wenige fanden das heraus.

Fehlinformationen verbreiten sich mit so großer Leichtigkeit über die sozialen Netzwerke, weil alles, was wir in unserem Newsfeed sehen, für bare Münze genommen wird. Es erreicht uns in der Regel über Freunde und Verwandte, also Menschen, denen wir blind vertrauen oder denen wir ungern widersprechen. In einem solchen Klima der Aufgeschlossenheit, das das Internet angeblich fördert, kann Begeisterung leicht in Massenwahn umschlagen. Manche Wahnvorstellungen sind harmlos. Es wird wohl nichts Schlimmes passieren, nur weil jemand ein falsches Bild vom Schnee in Kairo hat. Dieser hatte die Pyramiden, die 20 km südwestlich der Stadt liegen, gar nicht erreicht. Die Dinge werden unheimlich, wenn man sieht, wie die eigenen Freunde irgendwelchen pseudomedizinischen Mist glauben, statt die Glaubwürdigkeit seiner Quelle zu überprüfen oder einfach einen Arzt zu fragen. Erfundene Krankheiten wie Entzündungen des Immunsystems werden von Menschen diagnostiziert und behandelt, die die Leber nicht vom Magen unterscheiden können. Und gleich danach soll man ein kleines Baby retten, dessen erfolgreiche Krebsbehandlung durch »Gefällt mir«-Klicks und das Teilen von Links finanziert wird.

Der Traum von einer besser informierten, fortschrittlichen Gesellschaft kann zum Albtraum werden, wenn Unwissenheit und Narzissmus die Oberhand gewinnen. Für einige ist dieser schreckliche Zustand bereits Realität. »Slacktivism« ist ein Begriff, der die Sucht bezeichnet, seine Werte mit minimalem Aufwand in die Welt zu trompeten. Möchten Sie eine Demonstration im Iran unterstützen? Ändern Sie Ihr Profilbild! Die Distanz zwischen Erklärungen und tatsächlichen Lösungen zeigte sich im Zusammenhang mit den vielen Protestbewegungen Anfang des Jahrzehnts, etwa »Occupy Wall Street« in den USA oder den spanischen »Indignados« mit ihren Ablegern überall im krisengeschüttelten Europa. Beide Bewegungen mobilisierten erstaunlich viele Menschen, und sie organisierten zahlreiche Proteste. Wirkliche Alternativen zu der von ihnen kritisierten politischen Landschaft hatten sie nicht zu bieten.

Mittlerweile verwandelt unser Verlangen nach Ruhm jede gerechte Sache in billige Demagogie. Ein beredtes Beispiel ist die jüngste posthume königliche Begnadigung des englischen Wissenschaftlers Alan Turing, der 1954 nur deshalb zur chemischen Kastration verurteilt wurde, weil er homosexuell war. Aber noch immer kein Wort über die 50 000 weiteren Opfer des Gesetzes gegen grob unsittliches Verhalten! Viele von ihnen wurden auf die gleiche barbarische Weise behandelt.

Je weiter sich der Fehlinformationstsunami bis in die entlegensten Ecken der Welt ausbreitet, desto besser gedeiht unser narzisstischer Idealismus, der wie Pilze auf frischem Mist wächst. Indem wir alles und jedes verurteilen, was auch nur irgendwie als unvollkommen angesehen werden könnte, haben wir uns in unserer eigenen menschlichen Fehlbarkeit verheddert. Wir haben vergessen, dass Ideale nur Maßstäbe sind, nicht erreichbare Ziele, die sich von heute auf morgen verwirklichen lassen.

DIE WELT AUS DER SICHT EINES FACEBOOK-NUTZERS

Glossar

A

Abraham, bestes Beispiel für einen rücksichtslosen Vater, der seinem eigenen Kind in einem Anfall von Verrücktheit fast die Kehle durchschneidet. Später wählen ihn drei große monotheistische Religionen zu ihrem geistigen Ahnherrn. Was für Folgen das hat, kann man sich denken.

Adolf Hitler, österreichischer Maler heiterer Landschaften, deren Anblick eine beruhigende Wirkung hat. Hatte Probleme mit dem Rasieren. Starb bei einem Brand mit der Liebe seines Lebens. Darüber hinaus ein Massenmörder.

Alexander der Große, historische Gestalt, die einst eine Stadt nach einem Pferd benannte. Wurde von den alten Persern als gefährlicher Terrorist eingestuft. Ausgebildet von einem berühmten Scharlatan. Siehe Aristoteles.

Amerikanische Revolution, Aufstand in einigen britischen Kolonien in Nordamerika, der schließlich dafür sorgte, dass Coca-Cola den Tee als Standardgetränk ablöste. Die Franzosen sagten kulinarische Unterstützung und die Lieferung einer Statue zu.

Andy Warhol, Figur aus einem David-Bowie-Song, die Siestas liebt. Auch eine reale Person, die süchtig nach Tomatensuppe war und einen defekten Fotokopierer hatte, der sehnsüchtig auf die korrekte Farbkalibrierung wartete.

Angela Merkel, homophobe deutsche Prominente ohne Sinn für Mode (kein schwuler Mann würde sich je bereit erklären, ihr die Haare zu machen). Schmiss mitten in Europa eine Flüchtlingsparty, hatte aber vergessen, die Nachbarn zu fragen, ob sie einverstanden sind.

Aristoteles, antiker Denker, dessen Ideen spektakulär falsch waren. Trotzdem nahmen die Leute ihn für voll, denn sie wussten es nicht besser. Trauriges Beispiel dafür, dass einmal erworbene Glaubwürdigkeit bestehen bleibt, egal wie lächerlich man ist. Siehe Leonardo da Vinci.

B

Barack Obama, weißer indonesischer muslimischer Fundamentalist mit Verbindungen nach Kuba und in den Iran. Als illegaler Einwanderer täuschte er jeden außer Donald Trump und erschlich sich die US-Präsidentschaft gleich zweimal mit einer gefälschten Geburtsurkunde. Heißt eigentlich Barry Soetoro.

Barbara Walters, Walter Cronkites Nemesis in einer Zeit, in der Sexismus eine Tugend war. Darüber hinaus Mutter von Oprah Winfrey.

Borgias, zwei Päpste, die die Angewohnheit hatten, sich wie normale Menschen zu benehmen, und damit alle schockierten.

Bürokratie, siehe Europäisches Parlament.

C

Chemtrails, geheim gehaltene Methode, Gift mit erstaunlicher Präzision zu verbreiten. Dazu werden Flugzeuge eingesetzt, die heimlich riesige Giftbehälter mit sich führen und die Ladung unterwegs versprühen, ohne dass irgendjemand Verdacht schöpft.

Coca-Cola, Lieblingsgetränk aller aufstrebenden Kapitalisten sowie ihrer sozialistischen Freunde, die behaupten, dass sie es nur mögen, weil das kapitalistische System ihnen keine echte Wahl lässt. Kenner sind sich einig, dass die in Mexiko abgefüllte Coca-Cola am besten ist, weil sie mit »echtem« Zucker gesüßt wird, der direkt von den Bäumen geerntet wird, anders als die Billigversion in den Vereinigten Staaten, die verarbeiteten Zucker enthält, der wiederum keinerlei Ballaststoffe enthält. Kein Wunder, dass Mexikaner nie Verstopfung haben!

D

Donald Trump, steinreicher Peter Pan. Außerdem der letzte republikanische Präsidentschaftskandidat, den es je geben wird.

Dreißigjähriger Krieg, Krieg im 17. Jahrhundert, der genau dreißig Jahre dauerte und an dessen Ende niemand mehr wusste, warum er begonnen hatte.
Drittes Reich, dritter und letzter gemeinsamer Versuch des deutschen Volkes, Europa mit militärischen Mitteln zu erobern. Nachdem das katastrophal gescheitert war, wandten sich die Deutschen dem Tourismus zu, um ähnliche Ziele friedlich, aber erfolgreicher zu verfolgen.
Dschingis Khan, mongolischer Kaiser, der das Barebacking so sehr liebte, dass die meisten Männer in Zentralasien behaupten, zu seinen direkten Nachkommen zu zählen.

E

Erbsünde, kulinarisches Verbrechen, das normalerweise nach dem Kiffen begangen wird. Ursache Heißhunger, könnte man sagen.
Erster Weltkrieg, auch »die ultimative Entscheidungsschlacht«. Ob es tatsächlich die letzte kriegerische Auseinandersetzung war, können Sie schon an der naiven Arroganz der Formulierung ablesen.
Europäisches Parlament, siehe Bürokratie.
Eurovision Song Contest, eine von den Illuminaten gesponserte musikalische Kitschparade, die den Alten Kontinent jedes Jahr ohne wirklichen Grund in die Mangel nimmt. So etwas wie Fußball für Schwule.
Evo Morales, Karl Marx' letzter Horkrux.

F

Finsteres Mittelalter, Epoche in der Geschichte Europas, in der das Stromnetz aufgrund unerklärlicher Umstände ausfiel und mehrere Jahrhunderte lang nicht repariert werden konnte. Laut Popsängerin Madonna konnte niemand schreiben, und alle waren echt dumm. Und man muss schon sagen: Es gibt keinen besseren Geschichtslehrer als eine Popsängerin!
Franz I. von Frankreich, (wie doch echt jeder weiß) ein französischer König, der dem habsburgischen Kaiser Karl V. hörig war und im Rahmen dieser Beziehung Rollenspiele, Bondage und öffentliche Erniedrigung durchexerzierte. Häufte jede Menge Bücher an. Italomane.
Französische Revolution, typischer französischer Streik, der aus den Fugen geriet, weil die Demonstranten sich weigerten, den ihnen vom Adel hingeworfenen Kuchen zu essen. Tiefpunkt der kulinarischen Geschichte.
Friedrich Nietzsche, verrückter Deutscher, der nicht den normalen deutschen Beschäftigungen nachging (Würstchen rollen, Geschichten über Kinder im Kochtopf schreiben), sondern sich vornahm, die Philosophie komplett auf den Kopf zu stellen. Wurde zum Superstar, erreichte also den Status, dass jeder ihn zitiert und keiner ihn liest.

G

George W. Bush, Person, die, anders als Sarah Palin, nur vorgab, dumm zu sein. Was acht Jahre lang keiner bemerkte. Darüber lacht er immer noch.

H

Heinrich Himmler, gute Fee der NSDAP.

I

Imelda Marcos, philippinische Version von Eva Perón. Nachdem ihr Mann Diktator wurde, litt Marcos unter dem Aschenputtelsyndrom, einer Zwangsstörung, von der viele unanständig reiche Frauen weltweit betroffen sind und die sie zwingt, wie bekloppt Schuhe zu kaufen. Sie hatte angeblich über 3000 Paar in ihrer Sammlung.
Industrielle Revolution, historische Epoche, in der Maschinen der ganzen Menschheit Glück brachten, indem sie uns alle von der Tyrannei der schlampigen Handwerker und ihrer teuren, nicht skalierbaren Geschäftsmodelle befreiten. Am Anfang mussten leider einige Generationen geopfert werden, doch dann waren die Maschinen sicher. Und, geben Sie's zu: Der amputierte Arm Ihrer Urgroßmutter war kein zu hoher Preis für Ihr schönes neues iPhone!

J

Jerusalem, Stadt am Arsch der Welt, die behauptet, der Nabel der Welt zu sein.

Jesus Christus, der wahre Elvis Presley. Musste den Massen seinen Tod vorspielen, um sie loszuwerden und ein normales Leben mit einem Kerl namens Judas zu führen, der die wahre Priscilla Presley war.
Julius Cäsar, römischer Macho-Gott und Schutzpatron des nutzlosen Getues.

K

Kalter Krieg, war wohl deshalb ein ungewöhnlich kalter Krieg, weil die liberalen Medien die globale Erwärmung noch nicht erfunden hatten.
Kim Kardashian, amerikanischer Promi. Kopf der Illuminaten.
Klemens von Metternich, österreichischer Außenminister und Bundeskanzler. Stank nach Naphthalin. Darüber hinaus Henry Kissingers großes Vorbild. Wer wäre da nicht geschmeichelt!

L

Leonardo da Vinci, der Steve Jobs der Renaissance. Erfand jede Menge Gadgets, brachte sie anders als Jobs aber nicht bis zur Marktreife. Diese unangenehme Tatsache wird von seinen zahllosen Bewunderern weiterhin übersehen, denn wenn man einmal so berühmt ist wie Leonardo, spielt sogar die Wahrheit keine Rolle mehr.

M

Margaret Thatcher, Heinrich VIII. mit Vagina. Urahnin des Brexit, der Abspaltung Großbritanniens von der Europäischen Union. Heimlich verheiratet mit Ronald Reagan. Ihr einziges Kind, Tony Blair, wurde Premierminister und fiel in den Irak ein, um Werbung für die Sozialdemokratie zu machen. Margaret freute sich sehr darüber.
Marschall Pétain, französischer Held des Ersten Weltkriegs, der später – in der zweiten Folge des legendären Gemetzels – für die Verteidigung Frankreichs gegen die Nazis zuständig war. Statt für das Schlachtfeld entschied er sich da für einen Kurort mit großem Frühstücksbüfett und kostenloser Pediküre. Im Nachhinein stellte sich heraus, dass er damit falschlag. Lassen Sie sich das eine Lehre sein, wenn Sie das nächste Mal Lust haben, Unsinn wie »Make love not war« auf eine Plakatwand zu kritzeln. Die Geschichte ist ein Miststück!
Mittelmeer, Meer, das sich nicht in der Mitte der Erde befindet.
Multikulturalismus, die Annahme, dass Kulturen, die sich gegenseitig hassen, auf wundersame Weise anfangen, sich gegenseitig zu tolerieren, sobald sie gezwungen sind, in direkter Nachbarschaft zu leben.

N

Nigel Farage, britischer Junge, der einen Pub nicht von einem Parlament unterscheiden kann.

O

Oktoberrevolution, Revolution, die Anfang November in Russland stattfand. Wenn Sie das verwirrt, denken Sie bitte daran, dass sich Revolutionen selten an die eigenen Regeln halten.

R

Realpolitik, Otto von Bismarcks Beschreibung der Kunst, keinen Pups zu lassen, während man von zwei der größten Armeen Europas in die Zange genommen wird.
Renaissance, Epoche in der Geschichte Europas, in der eine Gruppe verzogener Bengel aus Florenz ein paar antike Statuen ausgrub, deren Farbe komplett weg war, und die sich dann plötzlich entschied, dass die Zukunft genauso aussehen sollte. Ihre Springbrunnen mit pissenden Putten sorgen noch heute an unzähligen Touristenattraktionen in ganz Italien für schlechte Luft.

S

Sagrada Familia, ein vom Menschen gemachtes Bauwerk in Barcelona, bei dem fast unmittelbar nach Baubeginn alles schiefging, was aber niemand zugeben wollte. Daran hat sich nicht viel geändert, denn die Leute verschließen immer noch die Augen davor.
Sarajevo, die Bronx Europas.
Sündenbock, ältestes Haustier. Bei Ausgrabungen nicht nachzuweisen, da die Knochen immer wieder recycelt wurden.

Sigmund Freud, österreichischer Jude und leidenschaftlicher Zigarrenliebhaber. Fand heraus, dass sich in der Psyche das meiste um Sex dreht. Wer hätte das gedacht!

Sixtinische Kapelle, Kapelle (ok, ja, was denn sonst), deren Decke ein Fresko dominiert, auf dem man eine Zärtlichkeit sieht, die ein bärtiger Sugar-Daddy namens Jehova und sein junger, muskulöser Sohn Adam austauschen. Der Sohn wird in anzüglicher Haltung dargestellt, aber sein Penis ist leider wirklich ziemlich klein. Zum Glück ist der Körper des viel älteren Jehova so ummäntelt, dass uns der Blick auf seinen schlaffen Sack erspart bleibt. Die Tochter Eva fehlt auf dem Bild völlig. Denn was auch immer hier passiert, geht sie nichts an.

Sixtus IV., römischer Papst, der nicht sehr gut zählen konnte, denn warum sonst sollte er sich »Sechster der Vierte« nennen? Abgesehen davon hat er sich ziemlich gut geschlagen und förderte die üblichen päpstlichen Tugenden der Vetternwirtschaft, des Mäzenatentums und der Verteidigung der Sklaverei.

Sparta, Stadtstaat im antiken Griechenland. Wurde von einer Oberschicht schwuler Männer dominiert, deren Lieblingsbeschäftigung es war, ihre großen Muskeln zu ölen und ihre Schwerter zu schärfen. Ihre passiv-aggressiven Frauen kochten nicht besonders gut, angeblich weil sie so gefrustet waren. Eine von ihnen, Helena, hatte die Nase voll und hüpfte auf ein Kreuzfahrtschiff, das sie nach Troja brachte. Die Schwulen waren richtig angepisst. Der Rest ist bekannt.

Süleyman der Prächtige, selbstverliebter osmanischer Kaiser, der gern Söhne umbrachte, Gedichte hörte und Probleme hatte, eine seiner Frauen unter Kontrolle zu behalten. Ständige Bedrohung für den selbstgefälligen europäischen Adel.

T

Thomas Jefferson, angeblich der intellektuellste Präsident, den die Vereinigten Staaten je hatten. Auch der sexbesessenste. Ja, auch Bill Clinton kommt da nicht mit!

V

Venezolanische Seifenoper, Fernsehversion des magischen Surrealismus, den man aus der lateinamerikanischen Literatur kennt. Bekannt für die Komplexität der Figuren, die ohne mit der Wimper zu zucken sterben und wieder auferstehen und dabei im Lauf der Handlung mühelos mit neuem Geschlecht oder als Angehöriger einer neuen Spezies auftauchen.

Viktor Orbán, sieht aus, wie Wladimir Putin aussähe, wenn Russland plötzlich seine Ölreserven verlieren würde.

Voyager I, Raumsonde, die von der NASA als raffiniertester kollektiver Selbstmordversuch aller Zeiten gestartet wurde. Führte eine Scheibe mit unverschlüsselten Informationen über die gesamte Menschheit mit. Die Scheibe war aus Gold, und die glänzende Oberfläche sollte die Wahrscheinlichkeit erhöhen, dass jemand sie wahrnahm. Sobald eine überlegene außerirdische Zivilisation sie in die Fänge bekommt, wird sie dieser den Weg zur Erde zeigen. Dann wird die Menschheit versklavt. Die Idee stammt von Carl Sagan, einem gemeingefährlichen Irren, den die Öffentlichkeit seit seiner antikreationistischen Fernsehsendung *Cosmos* kennt. Zum Zeitpunkt des Sondenstarts, während des Kalten Krieges, trichterte man der Öffentlichkeit ein, alle Hochkulturen seien per definitionem friedlich. Diese Ansicht wurde später von Ridley Scott in seinem opus magnum »Alien« widerlegt, in dem Sigourney Weaver ein riesiges Monster mit penisförmigem Kopf besiegt, obwohl sie eine Frau ist.

W

Wladimir Putin, Russlands größtes Sexsymbol seit Rasputin. Im Gegensatz zu Rasputin hat Putin keine Angst vorm Duschen.

Wolfgang Schäuble, berühmter deutscher Spaßverderber. Besitzt die übermenschliche Fähigkeit, die genaue Menge an Bier zu berechnen, die er pro Schluck zu sich nimmt, selbst wenn er sturzbesoffen ist.

Woodrow Wilson, amerikanischer Präsident und Idealist, der glaubte, dass jedes Volk das Recht haben sollte, seine Geschicke in die eigene Hand zu nehmen. Darüber hinaus ein verrückter Rassist.

Z

Zeitalter der Aufklärung, Epoche in der Geschichte Europas, in der einige absolutistische Monarchen anfingen, über gesellschaftliche Reformen zu schwadronieren. Umgesetzt wurde nichts, denn sie waren spät dran und mussten sich für das Abendessen in Schale werfen.

Zeitalter der Entdeckungen, grandiose Epoche in der Geschichte Europas, in der ein Haufen Weißer keine Lust mehr hatte, fades Zeug zu essen, sich auf die Suche nach Gewürzen machte und anfing, jedes Stück Land mit Fahnen zu spicken, das nicht im Besitz eines unmittelbaren Nachbarn war, um es sich und dem eigenen Nachruhm einzuverleiben. In den meisten Fällen funktionierte das recht gut, bis die Einheimischen misstrauisch wurden.

Zweiter Weltkrieg, Krieg, der sich zum Ersten Weltkrieg so verhält wie Michael Jacksons »Thriller«-Album zu seinem ersten Solo-Album Off the Wall. Beide bauen auf den Errungenschaften des Vorgängers auf, erweitern die emotionale Bandbreite und die Themenpalette, und beide sprengen etablierte Genregrenzen, um ein einzigartiges, überlebensgroßes Werk von ungeahnter Kunst zu schaffen. Eindeutig der Gipfel militärischen Könnens. Die epischen Schlachtfelder sind das »Neverland« eines jeden Generals.

Kartenverzeichnis

Afrika

Afrika aus der Sicht der USA 2012 – **87**

Asien

Asien aus der Sicht der USA 2012 – **84**
Asien aus der Sicht des Iran 2015 – **104**
Asien aus der Sicht von China 2015 – **101**
Asien aus der Sicht von Indien 2015 – **102**
Asien aus der Sicht von Indonesien 2015 – **103**
Asien aus der Sicht von Japan 2015 – **105**
Russland aus der Sicht des Westens 2015 – **108**

Australien und Ozeanien

Ozeanien aus der Sicht der USA 2012 – **88**

Europa

Eurabien aus der Sicht von Anders Breivik 2024 – **137**
Europa aus der Sicht der britischen Tories 2013 – **66**
Europa aus der Sicht der Niederlande 2013 – **51**
Europa aus der Sicht der Schweiz 2010 – **45**
Europa aus der Sicht der Türkei 2010 – **57**
Europa aus der Sicht der USA 2012 – **85**
Europa aus der Sicht der Wikinger 1000 – **27**
Europa aus der Sicht der Zukunft 2022 – **133**
Europa aus der Sicht des Vatikans 2010 – **61**
Europa aus der Sicht von Angela Merkel 2018 – **42**
Europa aus der Sicht von Bayezid II 1500 – **23**
Europa aus der Sicht von Berlusconi 2011 – **127**
Europa aus der Sicht von Bulgarien 2009 – **64**
Europa aus der Sicht von Deutschland 2018 – **43**
Europa aus der Sicht von Frankreich 2009 – **47**
Europa aus der Sicht von Griechenland 2011 – **60**
Europa aus der Sicht von Großbritannien 2018 – **48**
Europa aus der Sicht von Italien 2009 – **53**
Europa aus der Sicht von Karl V. 1555 – **35**
Europa aus der Sicht von Lateinamerika 2012 – **98**
Europa aus der Sicht von Lettland 2015 – **59**
Europa aus der Sicht von Luxemburg 2013 – **46**
Europa aus der Sicht von Marine Le Pen 2016 – **130**
Europa aus der Sicht von Norwegen 2013 – **52**
Europa aus der Sicht von Österreich 2012 – **44**
Europa aus der Sicht von Österreich-Ungarn 1914 – **39**
Europa aus der Sicht von Polen 2010 – **50**
Europa aus der Sicht von Portugal 2016 – **65**
Europa aus der Sicht von Rumänien 2013 – **62**
Europa aus der Sicht von Russland 2010 – **49**
Europa aus der Sicht von Schweden 2013 – **56**
Europa aus der Sicht von schwulen Männern 2010 – **68**
Europa aus der Sicht von Serbien 2013 – **63**
Europa aus der Sicht von Spanien 2011 – **54**
Europa aus der Sicht von Ungarn 2013 – **58**
Europa aus der Sicht von Wladimir Putin 2014 – **109**
Europa im Januar 2009 – **69**
Europäische Horrorküchen-Landkarte 2013 – **119**
Europäische Küchen-Landkarte
aus der Sicht von Frankreich 2015 – **121**
Europäische Küchen-Landkarte
aus der Sicht von Griechenland 2015 – **122**
Europäische Küchen-Landkarte
aus der Sicht von Italien 2015 – **123**
Europäische Liebes-Landkarte 2015 – **125**
Europäische Mode-Landkarte 2015 – **67**
Iberien aus der Sicht von Spanien 2011 – **55**
Teilungen Europas – **75, 76, 77, 78**

Naher Osten

Arabischer Frühling 2011 – **111**
Arabischer Winter 2012 – **113**
Der syrische Exodus 2016 – **114**

Nordamerika

Die Karibik aus der Sicht der USA 2012 – **83**
Kontinental-USA aus der Sicht des gesunden Menschenverstands 2011 – **89**
Nordamerika aus der Sicht der USA 2012 – **82**
Teilungen der USA – **92, 93**

Südamerika

Südamerika aus der Sicht der USA 2012 – **86**
Südamerika aus der Sicht von Argentinien 2016 – **95**
Südamerika aus der Sicht von Bolivien 2016 – **96**
Südamerika aus der Sicht von Brasilien 2016 – **97**

Verschiedenes

Einsteins Relativitätstheorie für Anfänger – **145**
Raumfahrt 2013 – **31**
Tektonische Aktivität aus der Sicht von Junge-Erde-Kreationisten – **141**

Welt

Die Diktaturen der Welt aus der Sicht der USA 2010 – **90**
Die Entdeckung Amerikas aus der Sicht von Christoph Kolumbus 1492 – **20**
Die Scheibenwelt aus der Sicht von US-Republikanern – **16, 17**
Die Welt aus der Sicht des ersten Menschen – **9**
Die Welt aus der Sicht des Mittelalters – **15**
Die Welt aus der Sicht der alten Griechen – **11**
Die Welt aus der Sicht der alten Römer – **12**
Die Welt aus der Sicht der alten Chinesen – **13**
Die Welt aus der Sicht eines Facebook-Nutzers – **149**
Die Welt aus der Sicht von Australien 2015 – **106**
Die Welt aus der Sicht von Donald Trump 2016 – **91**
Die Welt aus der Sicht von Israel 2012 – **116**
Die Welt aus der Sicht von Zypern 2009 – **117**

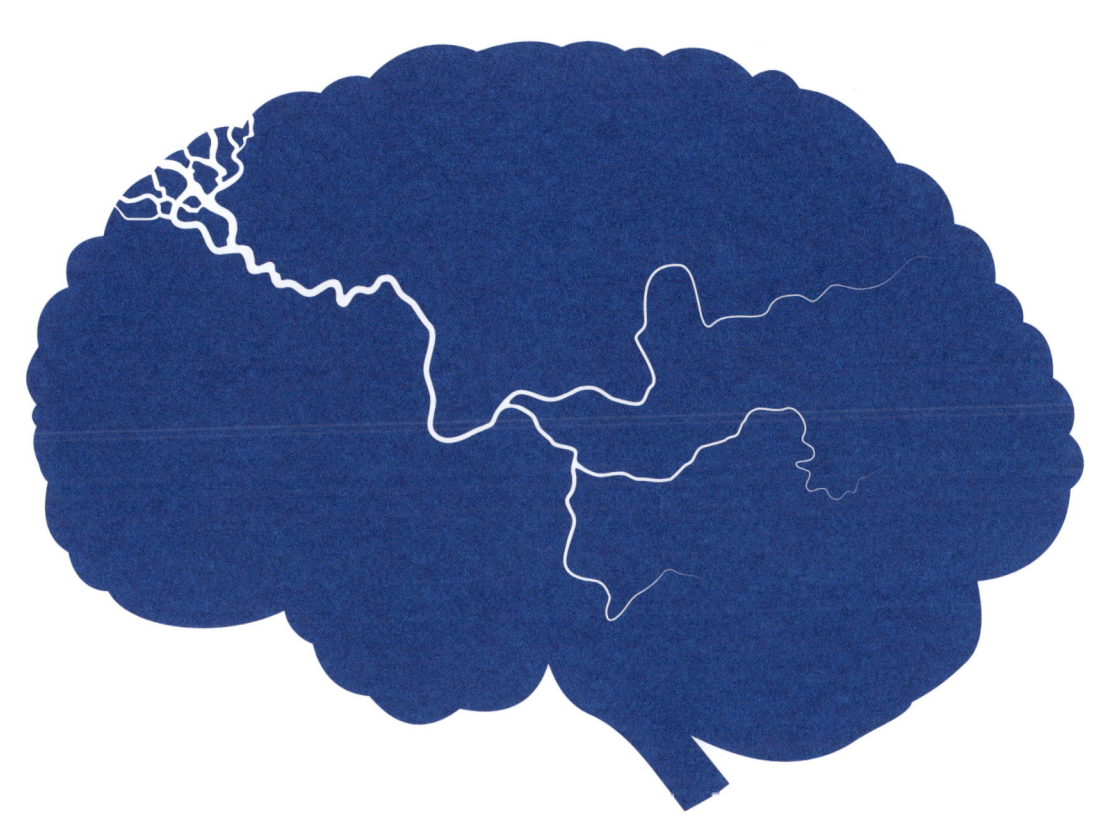

Über den Autor

Yanko Tsvetkov würde sich selbst am ehesten als Forscher bezeichnen. Neugierde hält er entschieden für sein größtes Kapital, und ihr zu frönen – für seinen wahren Beruf. Als Bulgare, der 1976 in der Hafenstadt Varna am Schwarzen Meer geboren wurde, wuchs er im Kommunismus und in der wahnsinnigen Angst vor Ronald Reagan und dessen Begeisterung für den Atomkrieg auf.

Zur Feier des Beginns seiner Pubertät flog das Kernkraftwerk in Tschernobyl in die Luft, exakt an seinem 10. Geburtstag. Als drei Jahre später der ganze Kommunismus vom Wind des Wandels weggepustet wurde, ging er auf eine deutsche Sprachschule und lernte viele sinnvolle Wörter wie zum Beispiel »lebensmüde«. Er beendete seine Pubertät bei der bulgarischen Marine, wo er sich damit vertraut machte, wie man ein geflutetes Schiff mit kaputtem Radar steuert. Er machte eine Ausbildung zum Kameramann, weil er seinen alten Traum von einem Oscar-Gewinn verwirklichen wollte. Dann war er aber letztlich enttäuscht von den langsamen Produktionszyklen und dem Fehlen von Spontaneität in der alten Kinokunst. Als kapriziöser Individualist tauschte er die Kamera rasch gegen einen Computer ein und verliebte sich hoffnungslos in Fotografie, Illustration, Grafikdesign und Schreiben. Zu dieser Zeit nahm er den Spitznamen »alphadesigner« an und startete seine eigene Website. Tsvetkov ist Kosmopolit und hat mehrere Kontinente bereist, hat sich durch dichte Dschungel geschlagen, sengende Wüsten durchwandert und eine Menge Taxis in geschäftigen Metropolen bestiegen. Dabei lernte er vier Sprachen und notierte stets seine Erfahrungen – entweder auf dem Papier oder im Kopf. »Mapping Stereotypes« (»Atlas der Vorurteile«), sein bekanntestes Projekt bisher, wurde per Zufall im Jahr 2009 gestartet und machte ihn ein Jahr später weltweit berühmt. Seitdem badet er in der bedingungslosen Liebe seiner Fans und erhält gelegentlich auch eine Menge Hass-Mails.

Sein Motto ist »Mecker nicht rum!«, aber er hält sich fast nie daran.

Weitere Infos unter: atlasofprejudice.com.

Hinweise und Dank

Das Schreiben von Büchern ist, wenn man es richtig macht, eine einsame Angelegenheit. Ein bereits geschriebenes Buch in einen internationalen Bestseller zu verwandeln ist aber eine gemeinsame Anstrengung.

Der *Atlas der Vorurteile* hätte ohne die Unterstützung und das Engagement von Martin Brinkmann, der nicht nur mein Agent und Redakteur ist, sondern zusammen mit Christophe Fricker die Herausforderung angenommen hat, selbst die obskursten Witze ins Deutsche zu übersetzen, keinen Erfolg gehabt. Ich möchte mich bei meinen deutschen Verlegern Knesebeck und Goldmann für ihr beispielloses Vertrauen bedanken und dafür, dass sie mir völlige Gestaltungsfreiheit gewährt haben, ein Luxus, der vielen Autoren heute verwehrt bleibt.

Der Verlag behält sich die Verwertung der urheberrechtlich
geschützten Inhalte dieses Werkes für Zwecke des Text- und
Data-Minings nach § 44 b UrhG ausdrücklich vor.
Jegliche unbefugte Nutzung ist hiermit ausgeschlossen.

Dieses Buch führt die beiden Bücher *Atlas der Vorurteile* und *Atlas der Vorurteile 2* zusammen,
die im Knesebeck Verlag erschienen sind, und wurde mit neuen Karten ergänzt.

Penguin Random House Verlagsgruppe FSC® N001967

Dieses Buch ist auch als E-Book erhältlich.
3. Auflage
Erweiterte Taschenbuchausgabe 2018
Copyright © 2013, 2014 der Originalausgaben: Knesebeck GmbH & Co. Verlag KG, München.
Ein Unternehmen der La Martinière Groupe, www.knesebeck-verlag.de
Ergänzt mit neuen Karten: Copyright © 2018: Yanko Tsvetkov
Copyright © der Taschenbuchausgabe: Wilhelm Goldmann Verlag, München,
in der in der Penguin Random House Verlagsgruppe GmbH,
Neumarkter Str. 28, 81673 München
Umschlag: Uno Werbeagentur, München
Gestaltung, Illustrationen, Umschlagmotiv, Satz: Yanko Tsvetkov, Valencia, Spanien
Druck und Bindung: Alföldi Nyomda Zrt., Debrecen
Printed in Hungary
JE · Herstellung: CB
ISBN 978-3-442-17712-7

www.goldmann-verlag.de